ちくま学芸文庫

子どもたちに語るヨーロッパ史

ジャック・ル・ゴフ
前田耕作 監訳　川崎万里 訳

筑摩書房

目次

子どもたちに語るヨーロッパ

子どもたちに語る中世

＊本文中の〔　〕は訳者による注です

子どもたちに語るヨーロッパ史

監訳者まえがき

いま世界は大きく変わろうとしています。これまでも人類はこうした変動をいくたびも経験してきました。そしてそのたびごとに過去の記憶や歴史をふりかえり、現在を生き、未来をめざす指針を引き寄せようと試みてきました。

古代においては、過去の歴史を神話・伝説から史実までまるごと伝え語ったヘロドトスも、同時代の出来事をその動きのリズムのままに描いたトゥキュディデスも、みな激動の時代を生き抜き、その危機のなかで歴史の言葉を紡《つむ》いだのです。

私たちの生きている現代もまた、過去には類例のないほど激しく変化している時代といえましょう。時代の動きに明敏な歴史家たちは、この新しい時代にふさわしい歴史の表現をみつけだし、どうしたら人間のいとなみの全体像を世に伝えることができるかを模索しつづけています。

二十世紀に起きた世界中を巻き込む二つもの大きな戦争で人類全体が危機に陥ったとき、フランスの歴史学はいつも「歴史はなんの役に立つの?」という子どもの素朴な問いかけに答える努力をかさねることで革新をなしとげてきました。ル・ゴフは、すぐれたヨーロッパ中世の歴史研究者として広く世界に知られていますが、それはたえずみずからの方法を変革し、錯綜《さくそう》する歴史の複雑性をこれまでにない新しい方法で解き明かそうとするフランス歴史学の果敢《かかん》な伝統を受け継いでいる歴史家でもあるからです。人間が抱く夢、燃やす情熱、つきまとう妄想もこの歴史家のまなざしから逃れることはできません。

ル・ゴフの中世をめぐる考察は、古代と近代にはさまれた中世という長い時代に深い奥行きをあたえました。オリエントの砂漠と同じように、ヨーロッパの森が果たした多様な役割、天国でも地獄でもない煉獄《れんごく》が想像された理由、それらを新しいイメージ豊かな言葉で語って、重々しく暗い中世の世界像をすっかり変えてしまいました。そしてけっして一様ではないこの多層的な中世像の上に新しいヨーロッパ像、多元的な明日の祖国像を積みかさねたのです。

歴史を若い人たちにとって人間形成に必要な基本的な学科の一つだと考えるル・

ゴフは、若い人たちの問いに答えることこそ歴史家の責務とし、本書を世に問うたのです。

「私は子どもたちのために『子どもたちに語るヨーロッパ』を書いたが、その中でヨーロッパ人たちの犯した過去の過ちや罪を隠さず、だがいっぽうヨーロッパだけではなく世界にとってもすばらしい成功をなしとげ、比類のない貢献をなしとげたことも明らかにしたのです」(『ル・ゴフ自伝』*Une vie pour l'histoire* より)。

統一と多様という人類史的課題を近代国家の枠組みを超えてなしとげようとしているヨーロッパの運動は、ときとして砲火を交えることもあった曲折の歴史に率直に学ぶことから始まっているのです。アジアに生きる私たちにとっても、それが無縁な他者の歩みではないことを、ル・ゴフのやさしく語る言葉に学ぶことでしょう。

本書が、多くの人びとの手に渡り、治政の場でも、教室でも、車中でも、家々でも読まれ、語り合われ、アジアの歴史や日本の歴史ともつなぎあわせ考えるきっかけとなるよう願っています。

前田耕作

子どもたちに語るヨーロッパ

バルバラのために

徒歩でヨーロッパからアジアへ

三時間とちょっとのフライトで、フランスのパリから大都市イスタンブール（かつてのコンスタンティノープル）に到着します。イスタンブールはトルコですが、同時にヨーロッパです。イスタンブールの全長数百メートルの橋を渡って狭い入江を越えると、そこはトルコだけれどもヨーロッパではなく、アジアです。数分歩いただけで、ヨーロッパのトルコからアジアのトルコへと移動したのです。

イスタンブールからロシアへと向かいましょう。モスクワで飛行機か列車に乗って東へ向かうと、数時間でウラル山脈に到着します。山越えをするとき、登りはロシア、そしてヨーロッパにいますが、山脈の東側へ下山する途中からロシア（シベリアとよばれます）だけれどもヨーロッパではなく、アジアにいます。数時間歩いただけで、ヨーロッパのロシアからアジアのロシアへと移動したのです。

ヨーロッパとは何でしょうか。大陸です、と地理学者は答えます。すなわち自然の国境、多くは海によって区切られている大地のかたまりであると。アフリカやアメリカ、オセアニア（大きい島はオーストラリア、小さな島はタヒチのような、多くの島からなっています）などは大陸です。しかし徒歩でかんたんにアジアに行くことのできるヨーロッパは、他の大陸と同じような大陸なのでしょうか。(1)

イスタンブールで旅行者は、人びとがトルコ語を話すのを耳にします。コーヒーは小さななべでつくり、飲むとコップの底にかすがたまります。肉の串焼き（多くは羊肉）を食べます。円屋根に尖塔がそびえる宗教建築が見えます。一定の時間になると、尖塔（ミナレット）から男の声がひびき、イスラム教の規範にしたがった祈りを呼びかけます。旅行者はモスクを訪れるときには靴を脱ぎます。街を歩きまわれば、小さな商店がひしめく巨大な市場に驚き、じゅうたん、宝石、革製品に目を奪われ、ハーブや香料、きらきら光る色のついた香水のうっとりする匂いを深く吸いこむでしょう。

ロシアではロシア語が話されます。旅行者は強い酒ウォッカや、金属製の大きなティーポット（サモワール）に入った紅茶を、昼間に何杯も飲むことになります。パンのかわりに小麦のクレープ（ブリニ）を食べます。教会では美しい聖歌が響くなかで、きらびやかな装身具をまとった聖職者が典礼を執り行う長い儀式を見るでしょう。これはカトリックの儀式に似ていますが（教会に入るときに靴は脱がなくても帽子はとります）、キリスト教の別派であるギリシア正教のものです。聖職者は儀式の大部分を信徒の前ではなく、彩色された聖人像で覆われた仕切り（イコノスタシス）の奥で行います。冬にロシアを訪れた旅行者は、防寒具として毛皮の立派な帽子（シャープカ）を買わなければなりません。その際、ロシアの貨幣ルーブルで支払います。

イギリスへ向かいましょう。パリからロンドンへのフライトは一時間たらず、英仏海峡を結ぶトンネルを利用する鉄道ならば約三時間でロンドンに到着します。イギリスはもはや島ではありません。トンネルによってヨーロッパ大陸とつながり、地理的にますますヨーロッパになりました。ロンドンでよく出てくるのがミントソースの料理です。いわゆるヨーロッパスタイルの朝食「コンチネンタル」よりも量が多くておいしい独特の朝食「ブレックファースト」（卵やベーコンが付くこともある）が好まれます。自動車は、ヨーロッパのほかの国では右側通行なのに、驚くべきことにイギリスでは左側通行であり（かつてイギリス領だったアイルランドも左側通行)、距離はキロメートルでなくマイルで表示されます(一マイルは一・六九キロメートル)。イギリスの友人は彼らの大好きなスポーツ、クリケットの試合を観につれていってくれるかもしれません。クリケットはバットとボールとピケを使う、ヨーロッパのほかの国には見られないとても変わったスポーツです。大多数のイギリス人が信仰する宗教は、十六世紀の教会分離(シスマ)によって生まれたプロテスタントの一派です。それはカトリックによく似ていますが、ローマ教皇を首長と認めない独立した教会である英国国教会です。フランス人やたいていのヨーロッパ人は奇妙に感じるでしょうが、君主(国王か女王)が教会の長なのです。ほかにもびっくりするのは、イギリスの元首は共和国大統領ではなく、国王か女王だということです。もちろん、国の通貨イギリス・ポンドが使われ、英語が話されています。

フランスからはヨーロッパのどこの国へもたやすく旅することができます。どの国もそれほど遠くないからです。しばらくはイタリアのローマを旅することにしましょう。到着するなり教会、聖職者、信徒の数の多さに驚くでしょう。ローマはイタリア共和国の首都であると同時に、ローマ市のごく狭い一郭に収まった独特きわまる小さな独立国バチカンの首都でもあるからです。バチカン市国は宗教的首長である教皇を戴《いただ》いています。カトリック教会の長である教皇は、バチカンの外ではヨーロッパ、とくに南ヨーロッパ、そして全世界に暮らすすべてのカトリック信徒の精神的指導者です。旅行者はイタリアのどこへ行っても、小さなカップに入ったおいしいコーヒーをバール〔カフェ兼バー〕で飲むことができます。「濃い」エスプレッソコーヒーは、金属製の機械から注がれます。このコーヒーマシーンがヨーロッパじゅうにエスプレッソをひろめたのです。旅行者は少し芯のある状態「アルデンテ」にゆでられたパスタを食べることでしょう。イタリアではヨーロッパのあらゆる国、豊かな文化をもつフランスやスペインでよりもたくさんの、大建造物や芸術作品を見ることができます。イタリア語はフランス語に似ていることに気がつくはずです。たとえば、曜日をイタリア語でいうと、月曜日はルネディ（フランス語ではランディ）、火曜日はマルテディ（マルディ）、水曜日はメルコレディ（メルクルディ）、木曜日はジョヴェディ（ジュディ）、金曜日はヴェネルディ（ヴァンドルディ）、土曜日はサバト（サムディ）、日曜日はドメニカ（ディマンシュ）です。フランス語とイタリア語は隣接しているヨーロッパ諸語です。どちらも、かつてヨーロッパの大部分の地域で話されていたラテン語から派生した、ロマンス語派（フランス語、

オック語、イタリア語、カタラン語、スペイン語、ポルトガル語、ルーマニア語）に属しています。(2)

（1）ヨーロッパとその歴史についてさらに知りたいひとは、ジャン・カルパンティエ、フランソワ・ルブラン監修『ヨーロッパ史』（パリ、スイユ社、一九九〇年刊）の一九九二年版を参照してください。Jean Carpentier, François Lebrun, *Histoire de l'Europe*, Paris, Éditions du Seuil, 1990, édition 1992.

（2）ヨーロッパ諸語にかんしては、マリーナ・ヤグロ『言語の惑星』を参照のこと。Marina Yaguello, *La Planète des langues*, Paris, Éditions du Seuil, coll.《Petit Point des Connaissances》, 1983.

ヨーロッパは存在するか

五時間以内（ロシアをべつにすればたいてい三時間以内）のフライトか、数時間の鉄道の旅で、異なる言語を話し、異なる食習慣をもち、異なる衣服を身につけ、異なる宗教を実践し、トルコ人、ロシア人、イギリス人、ドイツ人、ノルウェー人、ポーランド人、イタリア人、スペイン人などではあるけれど、「ヨーロッパ人」とよばれることのほとんどない人びとが住む国々を訪れることができます。しかしながら彼らはやはりヨーロッパ人なのです。ヨーロッパは存在するのでしょうか、ヨーロッパ人であるとは何を意味するのでしょうか。

ヨーロッパという家族

ヨーロッパ人がこんなに多様であるにもかかわらず、なぜひとつのコミュニティを形づくっているのかを理解するために、ひとつの家族とは何かを考えてみましょう。ふつう家族同士は似た雰囲気をもっていても、ひとりひとりに個性があり、異なる身体の外観、とりわけ異なる性格をもち、異なるふるまいをします。ここでは性別を問題にしているのではありません。国に性別は考えられないからです。しかしフランス語では、ポルトガル、ルクセンブルク、デンマークを除くほとんどのヨーロッパの国名は女性名詞であり、オランダ王国は男性名詞の正式国名「ペイ＝バ」よりもたいてい女性名詞の「オランド」でよばれます。

フィンランド
ロシア連邦
ノルウェー
ヘルシンキ
オスロ
スウェーデン
ストックホルム
エストニア
ラトヴィア
モスクワ
リトアニア
カザフスタン
ミンスク
ベルリン
ワルシャワ
ベラルーシ
ダム
ドイツ
ポーランド
キエフ
プラハ
ルク
ウクライナ
チェコ共和国
スロヴァキア
ブラチスラヴァ
モルダヴィア
ウィーン
ブダペスト
カスピ海
オーストリア
ブカレスト
ハンガリー
スロヴェニア
ルーマニア
クロアチア
ベルグラード
グルジア
タリア
ボスニア
ユーゴスラヴィア連邦
黒海
アゼルバイジャン
ブルガリア
サラエヴォ
ソフィア
ローマ
マケドニア
アルバニア
エーゲ海
トルコ
ギリシア
シチリア
イラン
アテネ
シリア
クレタ
キプロス
イラク
ニジア

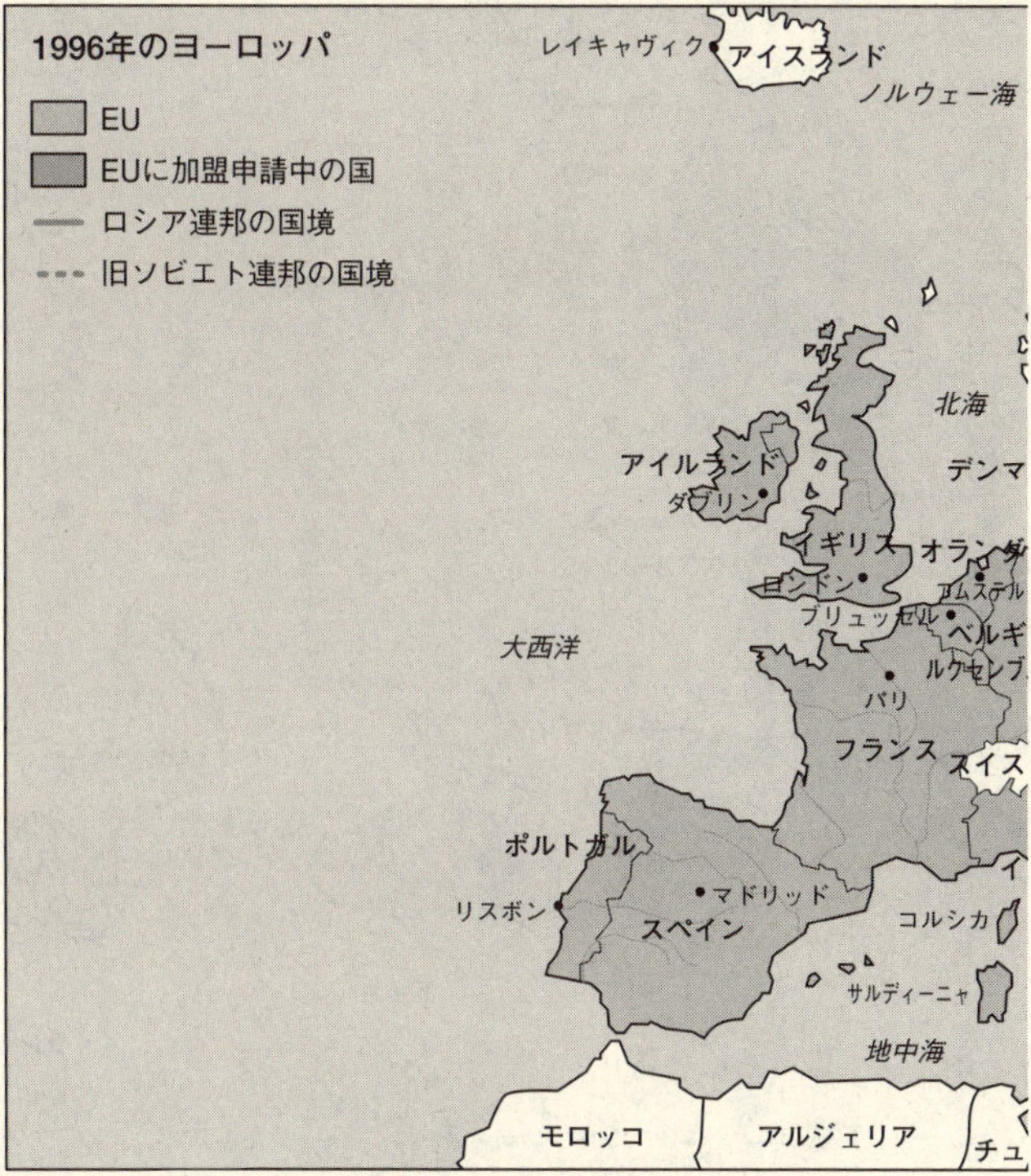
1996年のヨーロッパ
EU
EUに加盟申請中の国
ロシア連邦の国境
旧ソビエト連邦の国境
レイキャヴィク
アイスランド
ノルウェー海
北海
アイルランド
ダブリン
デンマ
イギリス
オランダ
ロンドン
アムステル
ブリュッセル
ベルギ
ルクセンブ
大西洋
パリ
フランス
スイス
ポルトガル
マドリッド
リスボン
スペイン
コルシカ
サルディーニャ
地中海
モロッコ
アルジェリア
チュ

ノルウェー
オスロ
スウェーデン
ストックホルム
フィンランド
ヘルシンキ
エストニア
ラトヴィア
リトアニア
ロシア連邦
モスクワ
ミンスク
ベラルーシ
カザフスタン
ベルリン
ワルシャワ
ドイツ
ポーランド
キエフ
ウクライナ
プラハ
チェコ共和国
スロヴァキア
ブラチスラヴァ
ウィーン
ブダペスト
オーストリア
ハンガリー
ブカレスト
モルダヴィア
スロヴェニア
ルーマニア
カスピ海
クロアチア
ベルグラード
ボスニア
セルビア
黒海
グルジア
アゼルバイジャン
サラエヴォ
ブルガリア
ソフィア
ローマ
モンテネグロ
マケドニア
アルバニア
ギリシア
エーゲ海
トルコ
シチリア
アテネ
イラン
クレタ
キプロス
シリア
イラク

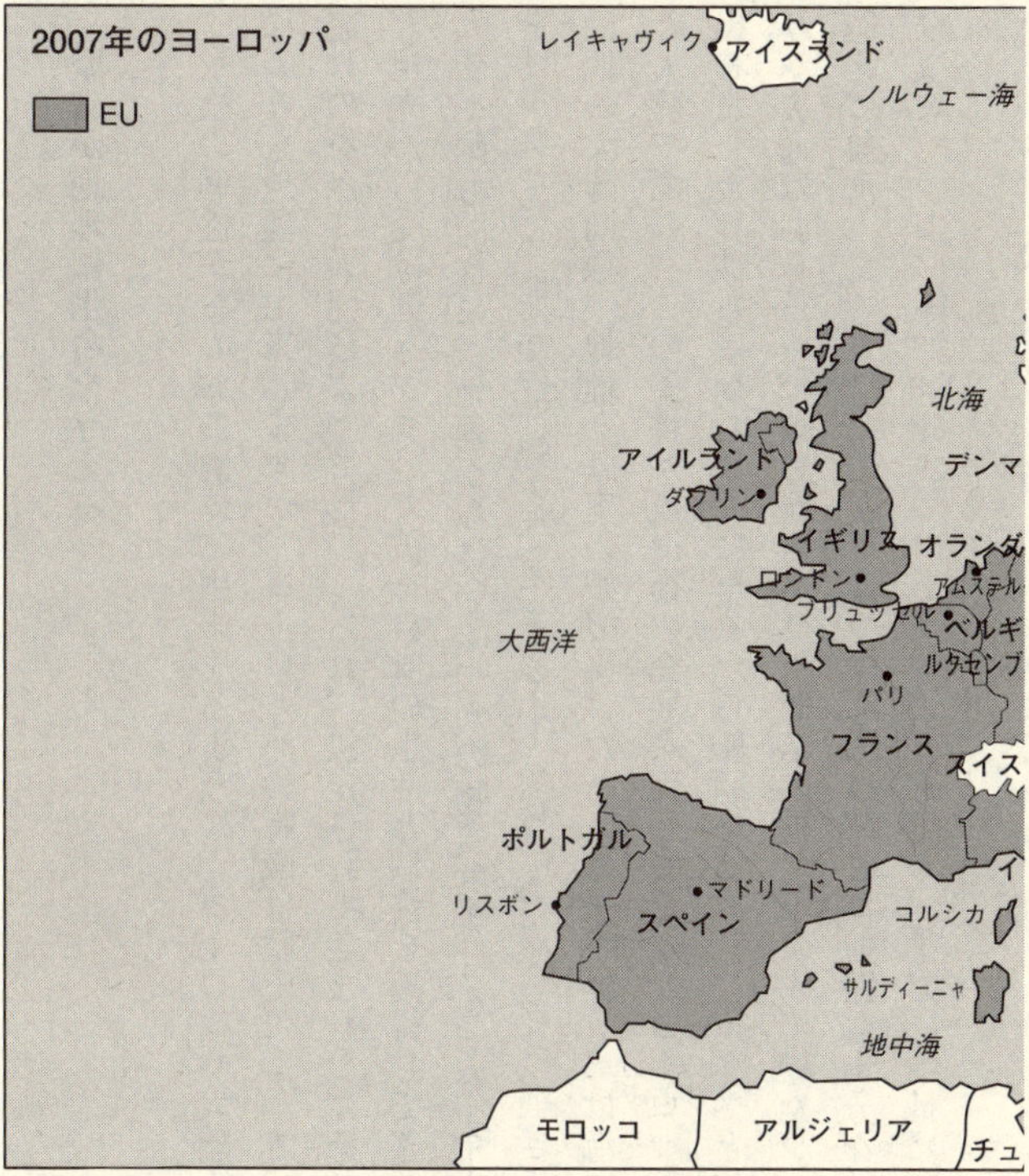
2007年のヨーロッパ
EU
レイキャヴィク
アイスランド
ノルウェー海
北海
アイルランド
ダブリン
イギリス
ロンドン
オランダ
ブリュッセル
大西洋
パリ
フランス
スイス
ポルトガル
リスボン
マドリード
スペイン
コルシカ
サルディーニャ
地中海
モロッコ
アルジェリア

歴史が地理に生命を与える

家族の個性がおのおの肉体に由来するように、ヨーロッパ大陸のユニークさはなによりも地理に由来しますが、ヨーロッパの特徴は歴史によって、すなわち時間の流れのなかで人間によって形づくられ、決定されてきました。それは各世代が両親と祖先から受け継ぎ、ついで彼ら自身の生活と個性を獲得してきた長い歴史です。大陸や国も同様に、地理からはいくつかの物質的条件を、歴史――〔地名や境界線を付すことで〕地理に外観を与えます――からは遺産を受け継ぎます。ヨーロッパは他の大陸同様、地理と歴史の娘です。たとえばヨーロッパは海によって浸食された大陸であり、この条件が航海術の発展を促しました。ヨーロッパ人は海へと乗り出しました。彼らはひじょうに早くから船団を組織し、遠洋へと航海しました。ギリシア人はおそらく、彼らが「ヘラクレスの柱」とよんでいたジブラルタル海峡を越えて航海したでしょうし、ノルウェー人は確かな航路も十分な地理的知識もないままに、クリストファー・コロンブスよりも早く、すでに中世にアメリカに達していたことはうたがいありません。

最小の大陸

ふたたび地理に戻りましょう。ヨーロッパ大陸を旅すると、その第一の特徴を体験するでしょう。それは世界の大陸のなかでいちばん小さいということです。鉄道や飛行機の発達以前でさえ、人びとはヨーロッパのある地点から他の地点へ、かなりすばやく移動することができました。古代ローマのある将軍は徒歩でなく馬に乗ってローマを出発し、ガリア（現在のフランス）、ゲルマニア（現在のドイツ西部）、イスパニア（現在のスペイン）、ブリタニア（現在のイギリス）へ向かう軍事遠征を、生涯のうちに何度も成し遂げました。山はそれほど高くはなく、最も高い山々（アルプス）や最も大きな山塊（ピレネー山脈）、最も長くつづく山脈（カルパチア山脈）でさえ、越えがたいものではありません。多くの河川は船で移動できます。代表的な河川はライン河とドナウ河でしょう。ヨーロッパ人は地上ルート、河川ルート、航海ルートをはりめぐらせたのです。歴史が進むにつれ、自然道に人間のつくった道路が加わります。ローマ人はたくさんの道路をつくり、今日でもローマ人の手になる舗装道路が残っているのを見ることができます。ヨーロッパは交通手段が多く、飛行機がなくてもすばやく容易に移動できる大陸です。ヨーロッパには多くの高速道が建設されました。自動車道と超高速の鉄道線(TGV)です。ヨーロッパに住んでいながら駅や飛行場や港から遠すぎるという人は、もはやいないのです。

地球儀か地図でヨーロッパを他の大陸と比較してみましょう。あきらかにヨーロッパはほかより小さいのです。数字を挙げるなら、ヨーロッパの面積は一〇〇〇万平方キロメートルで、地表の七パーセントを占めるにすぎず、一方、アジア大陸は三〇パーセント、アメリカ大陸は二八パーセント、アフリカ大陸は二〇パーセントを占めています。各大陸のある地点から、同一大陸内の最も遠い地点に旅をすると仮定してみましょう。ヨーロッパ大陸では、ノルウェーのノール岬からギリシアのクレタ島までは四〇〇〇キロメートル、ノール岬からポルトガルの南西の端までは四三〇〇キロメートル、さらにポルトガルの首都リスボンからロシアの東にあるウラル山脈までは五〇〇〇キロメートルです。他の大陸で最も遠い地点への旅をしたら、だいたい倍の距離があります。現在では飛行機のおかげで距離の遠近はあまり気にならなくなりましたが、二十世紀まで人びとは、ヨーロッパ内の短い行程から大きなメリットを得ていたのです。

ヨーロッパとアジアの隣人たち——戦火と文化を交える

地球儀または地図に戻りましょう。ヨーロッパは巨大なユーラシア大陸の大西洋側の端にあります。そして細長い海である地中海によってアフリカ大陸から隔てられています。ヨーロッパ、アジア、アフリカは、しばしば戦争によって、多くは平和的な文化の浸透によって、たがいに影響しあってきました。中世のヨーロッパは、十三世紀のモンゴル人の侵入など、アジア人による侵略を何度か経験しました(3)。十五世紀にはトルコ人がビザンツ帝国を滅ぼし、コンスタンティノープルを占領し、ヨーロッパの南東部を征服しました。ボスニア＝ヘルツェゴヴィナのムスリム（イスラム教徒）がその名残です。しかしアジアがもたらした文化の多くは、ヨーロッパの文化を豊かにしました。だから学者たちは「インド＝ヨーロッパ文化」などという言葉を使うのです。中世のある種の小話やラ・フォンテーヌの寓話は、インドのおとぎ話から採られています。ヨーロッパ人はローマ数字に代えてアラビア数字をゼロや十進法といっしょに取り入れることで、数学を大きく進歩させましたが、アラビア数字はインドからきたのです。ヨーロッパの言語では多くの単語がアジア、とくにペルシア、トルコやアラブ起源です（代数、長椅子、税関など）。

（3）恐怖にとらわれたヨーロッパ人は、モンゴル人を「タルタール」（ラテン語で tartarus《タルタルス》〔地獄〕）とよび、地獄から逃げてきた悪魔だと信じていました。

人の移動――植民地化、征服、移民

ギリシア・ローマ時代以降、ヨーロッパ人は中近東とマグレブ〔アフリカ大陸北西部〕の広大な部分を植民地化しました。アフリカ＝アジアの側からいうと、アラブ人は中世にイベリア半島とシチリア島の大部分を征服しました。十九世紀以降、たくさんのマグレブ人が地中海沿岸のヨーロッパ、とくにフランスに移住しています。

ヨーロッパの東の端はどこか

東はどこまでがヨーロッパなのか、地理も歴史も明らかにしていません。ロシアの西側国境まででしょうか。ヨーロッパ・ロシアはヨーロッパに入れて、広大なアジア・ロシアはヨーロッパに入れないとすれば、ウラル山脈およびコーカサス山脈まででしょうか。モスクワとウラジオストクおよび極東の北京を結ぶ有名なシベリア鉄道に乗ると、一七七七キロメートル地点で、西を向いた矢印の下に「ヨーロッパ」、東の方向を示す矢印の下に「アジア」と高く掲げた標識を見ることができるでしょう。ド・ゴールの有名なことば、「ヨーロッパは大西洋からウラルまで」をだれもが認めるわけではないのです。

トルコにも同じ問題があります。さきほど見たイスタンブールはトルコ全体のごく小さな一部分ですが、最大の都市であり、地理的にはヨーロッパに属します。トルコはアジアという大きな付録のついたヨーロッパの国なのでしょうか、それともヨーロッパという小さな付録のついたアジアの国なのでしょうか。

ヨーロッパでは海は遠くない

最後にもう一度、地図か地球儀でヨーロッパの地理を見てみましょう。ヨーロッパの三六か国のなかで、海をもたない国はわずか九か国――ルクセンブルク、スイス、オーストリア、チェコ共和国、スロヴァキア、ハンガリー、モルダヴィア、ベラルーシ――です。ヨーロッパ大陸には海が入りこんでいるのです。(4)

(4) さらに知りたい人は、ミシェル・モラ・デュ・ジュルダン『ヨーロッパと海』(深沢克己訳、藤原書店、一九九六年刊)を見てください。Michel Mollat du Jourdin, *L'Europe et La Mer*, Paris, Éditions du Seuil, coll.《Faire L'Europe》, 1993.

ヨーロッパの大部分ははるか昔から開かれていた

広すぎない面積、海が近いこと、比較的平坦なこと、ほどほどに厳しい気候、大部分の土地が良好な経済的適性をもつこと(砂漠はなく、原生林ははるか昔に消失し

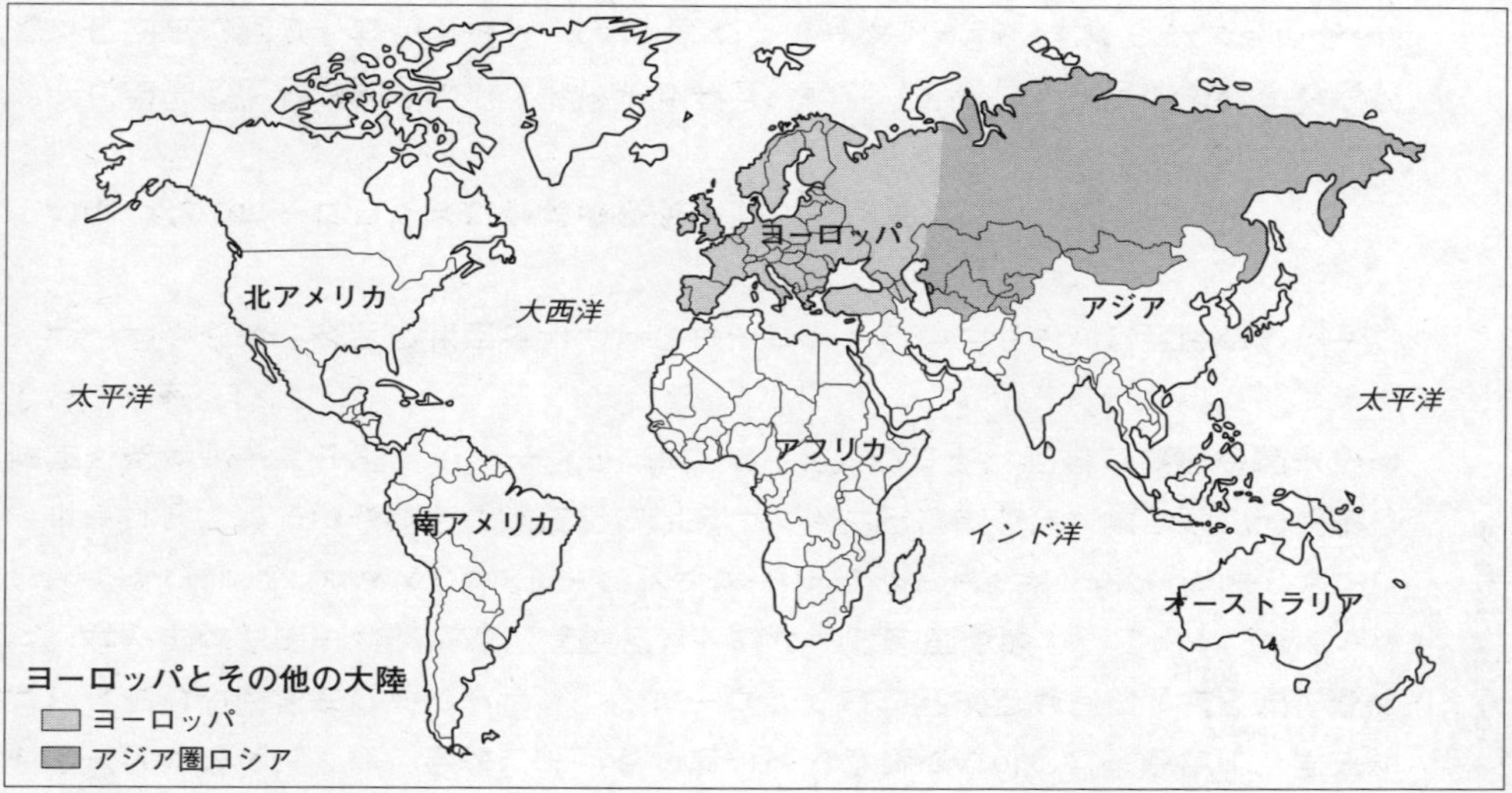
北アメリカ
大西洋
太平洋
南アメリカ
ヨーロッパ
アフリカ
アジア
インド洋
太平洋
オーストラリア
ヨーロッパとその他の大陸
ヨーロッパ
アジア圏ロシア

た）など、ヨーロッパ大陸の特徴といえる点を合わせて考えると、ヨーロッパがほかの大陸とはちがって、非常に早くからほとんどいたるところに人が住み、利用されていたことが納得できるでしょう。ヨーロッパには印象的な先史時代の遺跡があり、骨や道具が出土したほか、洞窟内にすばらしい壁画が残っています（スペインのアルカンタラやフランスのラスコー、マルセイユ近郊やアルデッシュでの近年の発見）。ヨーロッパははるか昔から経済的に発展し、文化的に豊かで、長い歴史と記憶の蓄積があります。中国、インド、中近東（の一部）だけが、同様に豊饒な過去をもっています。

しかしながら、人間の共同体としてのヨーロッパの存在がまさに問題なのです。

どうしたらヨーロッパ人になれるのか？

十八世紀の偉大な哲学者モンテスキューは、著作『ペルシア人の手紙』のなかで、パリの住民に問いかけさせます、「どうしたらペルシア人になれるのでしょうか？」と。

同じ質問が今日もまた、ヨーロッパ人について問われるでしょう、「どうしたらヨーロッパ人になれるのでしょうか？」と。

ギリシア人がヨーロッパを発明した

ヨーロッパはギリシア人の発明です。詩人のヘシオドス（紀元前八世紀末—七世紀初め）が最初にこの名を用い、紀元前五世紀に生きた「歴史の父」、有名なヘロドトスは「ヨーロッパについては、その名がどこからとられたかも、だれが名づけたかも明らかではない」と記しました。

神とともにアジアからきた王女

しかしながらひとつの伝説が生まれました。地中海に面したテュロス（現在のレバノン）にエウロペという名の王女がいました。王女はアゲノール王の娘でした。ある晩、王女は夢をみました。女性の姿をした二つの大陸が、王女のことで争って他方の「アジアの大陸」は、王女をひきとめようとしました。他方の「対岸の大陸」は、神々の王ゼウスの命令により王女を海へ連れ去ろうとしました。目をさました王女は、花を摘みに海辺へ行きました。強くてやさしそうな一頭の牡牛が波間から現れ、王女をまんまと背中に乗せるや連れ去ると、自分が動物に姿を変えたゼウスであると正体を明かしました。ゼウスはギリシアの大きな島クレタ島に王女を連れて行って結婚し、王女は「高貴なる息子たち」の母になりました。

エウロペは学者にとってつねに謎めいた名前です。キリスト教徒はこの異教の神話の王女（別の伝説ではニンフ）にキリスト教徒の名前を与えようとしましたが、うまく裏づけができず、エウロペはエウロペにとどまりました。牛神ゼウス（ローマ人にはユピテル）が王女またはニンフを略奪する場面が、イタリア（ポンペイに一七か所）やガリア、ブリタニア、ゲルマニアの古代邸宅の壁画に数多く描かれたことから、エウロペの神話が人気を得ていたことがわかります。エウロペの伝説は十八世紀まで、たくさんの画家にインスピレーションを与えつづけました。

ヨーロッパの起源については、二つの特徴があります。ひとつはエウロペは愛されるに値する美しい女性であるということです。もうひとつは、これは神話であり、謎にみちた起源を説明するためにつくられた物語ですが、そのなかでエウロペは具体的な現実のヨーロッパにみずからが変わるのを待っているということです。それ以後、この大陸は名前をもちましたが、その物語《イストワール》＝歴史はどこへ向かうのでしょうか。名前を与えた伝説の王女にならって、この大陸はひとつの人格になる、すなわちひとつの統一体がつくられるのでしょうか。逆に、この大陸は神話、すなわち多種多様な民族の現実ばなれした遠い夢想にとどまり、ヨーロッパとは名ばかりのバラバラのヨーロッパ人たちが住む大陸のままなのでしょうか。

古代の終わり以来、すなわち二千年以上にわたって、ヨーロッパを統一に向けて進めたもの、そして反対に統一を邪魔したものを、いっしょに見ることにしましょう。

ヨーロッパを発掘しよう

今日のヨーロッパ人は、幾多の時代を経た共通の遺産を継承しています。ヨーロッパを対象とする考古学者になってみましょう。異なる時代の異なる技術と様式で造られた大建造物や住宅や遺物を探究すべく、まずは地中を、ついで書物、碑文、文書、博物館、地表を調べます。たとえばパリでは先史時代と原始時代の遺物が発見されています。それらの多くはケルト人、すなわちガリア人の時代にさかのぼります。発掘品はサンジェルマン＝アン＝レーの国立考古学博物館で見ることができます。のちにはギリシア人がガリアの地中海沿岸の数地点、とくにマルセイユへ移住しました。そこではヴュー＝ポールの発掘によって古代ギリシア時代の層が発見されています。ついでローマ人がガリアを征服し、建造物と文明のありようを示す層を残しました。たとえばニーム、フレジュス、サント、パリなどの古代ローマの劇場や円形競技場、ポン・デュ・ガールのような橋、パリの共同浴場のような浴場建築などです。ローマのような大都市では、原始キリスト教会の遺跡の上に別の教会の遺跡が、古代ローマの邸宅の上に別の邸宅の遺跡が見られます。

こうした共通のヨーロッパ文明は、建造物や邸宅（ローマ人の別荘はイギリスからアンダルシア、シチリア島にまであります）などの物質的要素と同時に、文化的要素からなっています。多くの言語が同じ起源をもっています（ラテン語の *rosa*〔バラ〕は、多くのヨーロッパの言語に見られます）。

重要な芸術様式——ロマネスク美術、ゴシック美術、バロック美術——はヨーロッパじゅうに広がりました。ゴシック教会は北はノルウェーから南はポルトガルまで、西はスコットランドから東はポーランドにまであります。ヨーロッパ文明は、考え方や行動のしかたの基礎にある共通の精神、同じ文化的共同体への帰属感のうえに成り立っています。それは何世紀もまえからヨーロッパ人、とくに教養人がいだいてきた、ヨーロッパ的意識というものが存在するという感情なのです。

ギリシアという基層。医者がヨーロッパ人とアジア人を診断する

ヨーロッパ的意識についての最初の証言は、紀元前五世紀から四世紀の古代ギリシアにさかのぼります。紀元前五世紀の有名な医者ヒポクラテスは、すべての医者が誓約すべき誓いをつくりました。それによると医者は、病人を知識によってだけでなく、良心によって治療しなければならないのです。多くの医者は今日もなお(フランスの医者はそうです)、「ヒポクラテスの誓い」を立てなければなりません。病院へ行ったとき、痛みにたえられるようだったら診察室の壁を見てください。

「ヒポクラテスの誓い」が貼ってあることが多いですよ。

ヒポクラテスは気候が持つ影響との関連で、荒々しいが自由を重んじるヨーロッパ人と、平和を愛し、戦争より技芸に興味をもつけれども、たやすく暴君や専制君主に従属してしまうアジア人とを対比しています。

民主主義者、人間中心主義者、数学者

ギリシアの遺産としてはなによりも、民主主義（民衆の統治という意味）、都市国家の市民の法の前での平等、および公務参加の平等への希求があります。ヨーロッパは最も民主的な大陸ですが、民主主義は古代ギリシア以来、ヨーロッパでおそろしい逆戻りとはげしい葛藤を経て、今日もなお完成からはほど遠いのです。

ギリシア人はヨーロッパ最初の偉大な学者であり哲学者でした。彼らは真理と知恵に到達しようとしました。学問の分野では数学に優れ、今でもユークリッドの定理やピタゴラスの定理、アルキメデスの法則が学校で教えられます。「汝自身を知れ」――哲学者はソクラテス以降、自分を知ることを教えようとしました。哲学者

は神々を崇拝していたにもかかわらず、人間を宇宙の中心に置きました。彼らはヨーロッパ人に、徳を深め人間の可能性を高めること、すなわち人間中心主義者《ユマニスト》であることを教えました。なによりも神を信仰する人間であるようにとキリスト教がヨーロッパ人に説いたときも、ヨーロッパ人はギリシア人の知恵の教訓、すなわち理性と批判的精神の大切さを忘れませんでした。ギリシア人は、人間中心主義は精神だけでなく身体も鍛えるものであると考えていました。

肉体万歳！

オリンピックを創始したのはギリシア人です。オリンピックは十九世紀末に世界中の、とくにヨーロッパの最もすぐれたスポーツ選手たちを競わせるために復活しました。ギリシア人は美の熱烈な愛好者でもありました。ギリシア神殿は何世紀にもわたって、建築家にとっての規範でした(5)。

（5）ミシェル・ラゴン『建築とは何か』を参照のこと。Michel Ragon, *C'est quoi l'architecture?* Paris, Éditions du Seuil, coll.《Petit Point des Connaissances》, 1991, p. 16.

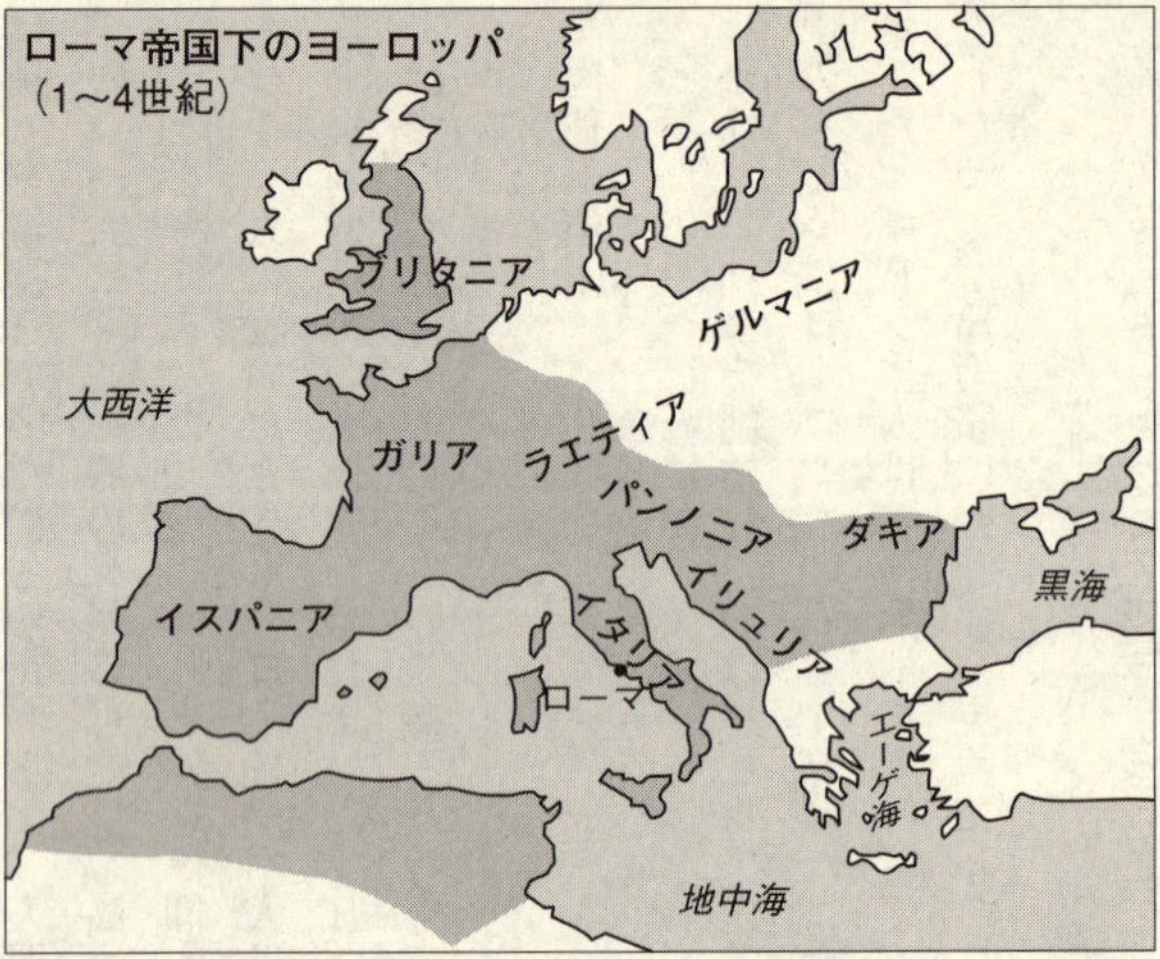

ローマ帝国下のヨーロッパ（1〜4世紀）

ローマ市民はヨーロッパ人か

ギリシアの遺産はローマ人によって広まりました。ローマ人はイベリア半島、ガリア、ブリタニア（大ブリテン島）、ゲルマニア西部、現在のハンガリーとギリシアのあいだにある国々を征服しました。上の地図を見てください。これがのちのヨーロッパの土台になるのです。ローマ帝国の西側全体で同じ言語が話され、兵士は同じ軍隊に属しました。

カラカラ帝は二一二年、帝国内のすべての自由民男子はローマ市民の身分と特権を有するという布告を出します。「これはヨーロッパ領内における最初の統一的な市民権である」と言われています。

ラテン語を話す

中世以降、キリスト教によって広まったラテン語がヨーロッパ文明の基本言語であったことを覚えていてください。ヨーロッパでますますラテン語が教えられなくなっているのは残念です。ラテン語はヨーロッパ人の記憶の基底をなすもののひとつだからです。ラテン語ほどではありませんが、ギリシア語も同様です。

新しい神、キリスト

ローマ人は多くの神々を崇拝しており、その宗教はとくに儀式を重視していました。一方、オリエントからは、心と内面の感情に訴える神々がたくさん入ってきました。なかでも、もともとユダヤ人が礼拝していた神が、多くの男女をつぎつぎと魅了します。これがキリスト教徒の神であり、信徒によれば、人間であり神であるイエス「キリスト」、すなわち神から油を注がれた者[6]、の肉体をとり、ティベリウス帝の時代（紀元三〇年ころ）にエルサレムで十字架にかけられました。

皇帝たちはキリスト教徒を迫害したのち、四世紀にはキリスト教をローマ帝国の宗教として公認しました。この苦難の時代、キリスト教は信徒に、終末における復活、正しい生活を送った信徒の永遠の救済、世俗の社会の不正と不平等が来世であがなわれることを説きました。善人は天国へ行き、悪人は地獄へ行くと。

（6）「油を注がれた者 oint」とは「塗油 onction を受けた者」、すなわち水か油の聖なる液体で（ふつう額に）しるしを受けた者を意味します。洗礼では水が使われます。授洗者聖ヨハネの手をへて主（神）により「油を注がれた者」とされたイエスの場合がそうでした。油は王の聖別のために使われました。

新しいヨーロッパ、キリスト教

新しい精神的指導者たちがヨーロッパに出現しました。司教に指導された司祭や修道士です。司教のなかでもローマの司教が、首長である教皇《パパ》、すなわち父《ペール》になります。ヨーロッパの第二の姿、キリスト教の登場です。

東と離れ、やがて分裂する。ラテン語とギリシア語の二つのヨーロッパ

ローマ帝国の西側ではラテン語、東側ではギリシア語が話されていました。西が危機に陥るにつれて、皇帝の権力は東へと移ります。コンスタンティヌス帝はアジアとの接点、コンスタンティノープルに首都を築きました。帝国東部のキリスト教会——言語はラテン語ではなくギリシア語で、教皇ではなくコンスタンティノープルの総主教[7]を仰いでいます——は「真正の」キリスト教信仰の継承者、正教会であると任じています。

西方教会は普遍的（それが「カトリック」の意味です）であることを主張し、ギリシア正教会から離れようとしつづけました。一〇五四年、二つの教会は公式に断絶を宣言します。これが教会分離《シスマ》です。当時、キリスト教会には二つの頂点があり、ローマ世界ではローマ、ギリシア世界ではコンスタンティノープルでした。以後、中世を通じて、異教徒がキリスト教徒になるときには、西はローマ、東はコンスタンティノープルによって改宗することになります。

こうした根本的な宗教上の分断がヨーロッパに生じましたが、それはおそらくもっと全体的で、もっと根深い、西のヨーロッパ人と東のヨーロッパ人の相違に結びついています。歴史が下るにつれて別の差異も現れて、この分断をいっそう大きくしますが、どちらの側もキリスト教徒なのです。この対立は現在もあり、ヨーロッパの建設にとって大きな問題です。ひとつのヨーロッパがあるのか、それとも西と東の二つのヨーロッパがあるのでしょうか。

(7) 総主教はギリシア正教会の重要な役職です。コンスタンティノープルの総主教はすべての総主教の上に立ち、西方教会のローマ教皇に相当します。

目に見えない今日の境界線

東ヨーロッパを旅しましょう。二つのヨーロッパには実際の境界線はありません。それは目に見えない境界線なのですが、東ヨーロッパの国々を旅するとき、自分はヨーロッパにいるのだろうかと考えることがあります。明らかに経済は停滞しているし、風俗や気質ははっきり異なっています。旧ユーゴスラヴィアの紛争を見てください。古くからの対立がこれを機に明らかになりました。スロヴェニア人とクロアチア人はカトリックです。セルビア人は正教徒です。十五世紀にはじまるトルコ人の流入以来、ボスニアにはたくさんのムスリムがいます。旧ユーゴスラヴィアでは、ローマ教会のスロヴェニア人・クロアチア人と、正教会のセルビア人が激しく戦いました。宗教的、文化的な断絶線が、敵と味方を分ける線になったのです。

西ヨーロッパの分割——衝突しながら成功した移住

興味深いことに、歴史は、古代から中世へと移行する四世紀から五世紀に、ヨーロッパ人をキリスト教徒としてキリスト教に統合することでたがいを結びつけると同時に、ヨーロッパ人を分割しました。新しい民族が定住し、新しい国をつくることで、以前はローマ帝国に統合されていた民族が分離することになったのです。

侵略者か旅する者か

北方ヨーロッパと中央ヨーロッパからの民族の移住を、フランス人は「大侵入」とよび、ドイツ人は「民族大移動」とよびました。ヨーロッパ人が自分たちの歴史についていつも意見を同じにするとはかぎらないのがわかります。事実、移住民族の大部分は同じ民族集団であるゲルマン人、すなわちドイツ人の祖先に属し、〔侵入された側の〕ガリア人はフランス人の祖先に属していたからです。人びとはふつう新来者を「蛮族《バルバル》」としてあつかいました。彼らの文明を劣っていると見なしたからです。ゲルマン人は文字を用いず、口承による文化をもっていました。おまけにゲルマン人のローマ帝国内への移住は平和的なものではありませんでした。流血の戦闘による軍事的征服だったのです。異民族はすすんだ製鉄技術をもち、立派に武装していましたから、たいていは勝利しました。とくにゲルマン人の剣は両刃で長く頑丈で、威力抜群でした。

混血の住民たち

しかし異民族のローマ帝国内への集団移住は、交流の古代史の最後のエピソードにすぎません。ローマ人と異民族は物品を交換し、言語や風俗を借用しあいました。新来者は、以前からの定住民を圧倒的な強さで支配しましたが、人口はそれほど多くなかったのです。

ローマ化していた住民の文化は残存し、移住者はその多くを取り入れました。ラテン語は公用語、キリスト教の聖職者と大多数の住民の言語として残りました。移住民もまた先住民とその言語に同化しました。それはヨーロッパにとってひとつのチャンスでした。今日、旧ユーゴスラヴィアで持ち出される「民族的純血」などという主張は不毛であり——混血するのが人間社会のさだめですから、本来、存在しないものなのです——、自分たちの特性に閉じこもるものです。混血から生じた民族は反対に、文明や制度の面から見てより豊かでたくさんのものを生み出します。人間の交錯は発展の源泉です。たとえばガリアでは、二つの主要な民族、ローマ帝国下のガリア人と、五世紀以降に定住したゲルマン系のフランク人が、その後のフランスの発展を進めました。

パンとワイン、肉とビール

人間の集団を定義するものに食習慣があります。地中海性の気候と植生をもつ地域に住む農民が大半であったローマ時代のヨーロッパは、パンとワインのヨーロッパでした。新来者は狩猟をし牧畜を営み、肉食でした。彼らは発酵させた蜂蜜酒を飲んでいましたが、定住するとビールを好むようになりました。小麦の文化はすべてのヨーロッパ人にパン食をもたらしました。コメを食べるアジア人、キャッサバを食べるアフリカ人、トウモロコシを食べるインディオとは違っています。しかし、ヨーロッパじゅうでさまざまな飲み物が流通しているにもかかわらず、今日なお、北と東のヨーロッパではビールを飲み、南と西のヨーロッパではワインを飲んでいます。パン同様、肉はヨーロッパの日常食になりましたが、最貧の人びとはなかなか口にすることができません。

異民族が国民国家のヨーロッパをつくった

すべての新来者がいかにローマの文化を取り入れ、キリスト教に改宗したとしても、彼らは政治的には分かれていました。実際、どんなに近い民族同士であっても、激しく戦っていました。たとえばフランク族の首長クロヴィスは現在のベルギーにあるトゥルネを出発し、ソワソンにとどまってキリスト教に改宗し、西ゴート族をスペインに追い出し、ブルグント王国――ブルゴーニュの名前の起源です――を滅ぼし、パリを首都に定めました。有力な首長たちは自らを王と呼ばせ、王国を築いて、現在のヨーロッパの国家が誕生するために不可欠な一時期を画しました。こうして、イギリス、フランス、スペイン、少しおくれてドイツの原型が現れました。イタリアの状況はもう少し複雑です。

キリスト教への改宗がヨーロッパ行きのパスポート

じょじょにすべての「異民族」はキリスト教に改宗しました。中世ヨーロッパにおいてローマ教会への改宗は、その民族がひとつの国になり、文明化されたことのしるしでした。それは今日でいえば、国際連合へ加盟するようなものです。

シャルルマーニュは最初のヨーロッパ人？

八世紀から九世紀のフランク族のカロリング王朝は、ガリア、ゲルマニア、イタリアを統一支配し、そこに住むキリスト教徒の大部分を統合しました。カロリング王朝は分裂後でさえ、長きにわたってヨーロッパの心臓でした。カロリング帝国は滅びましたが、ヨーロッパに重要な遺産を残しました。

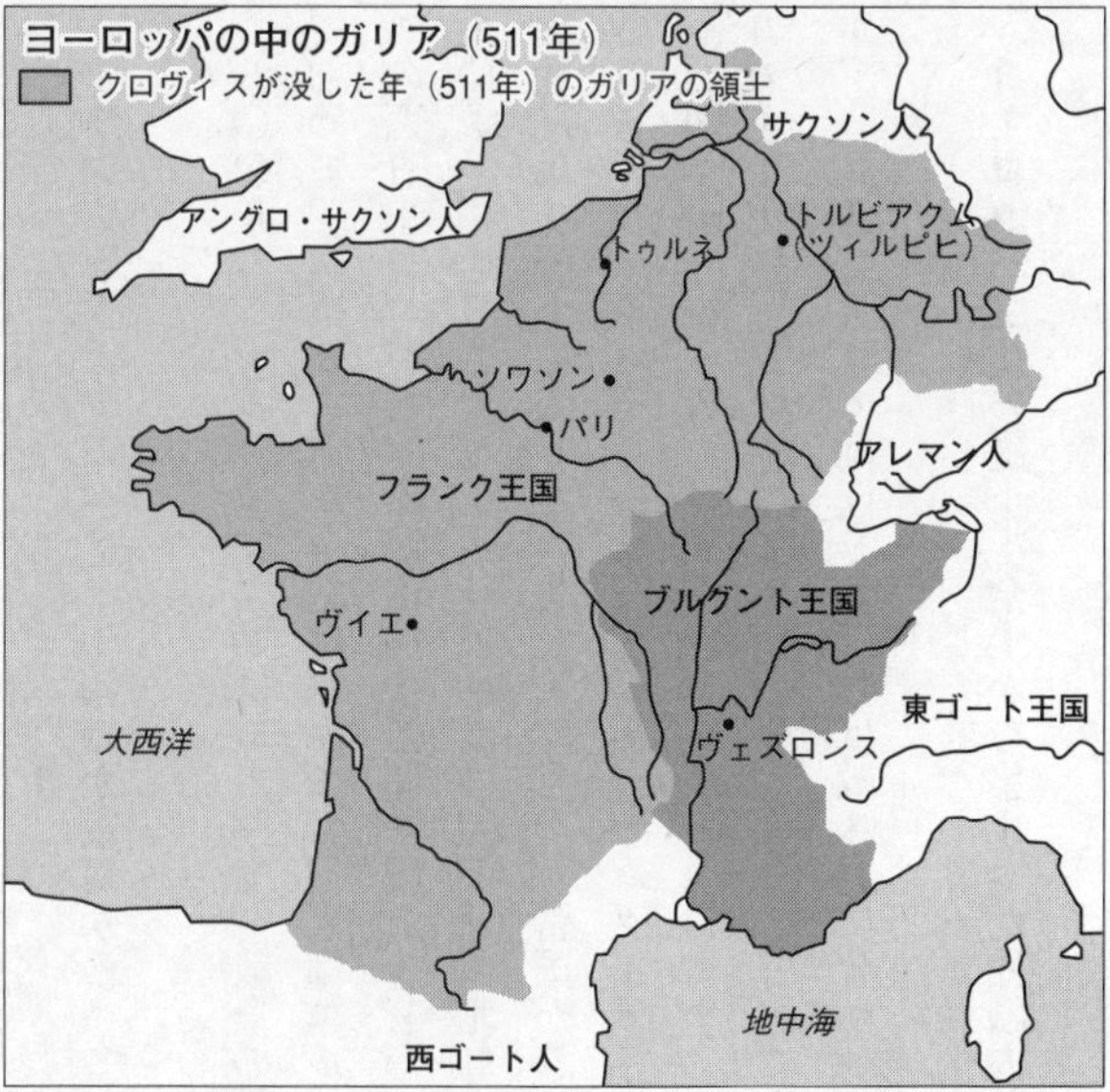
ヨーロッパの中のガリア（511年）
クロヴィスが没した年（511年）のガリアの領土
サクソン人
アングロ・サクソン人
トルビアクム（ツィルピヒ）
トゥルネ
ソワソン
パリ
アレマン人
フランク王国
ブルグント王国
ヴイエ
東ゴート王国
大西洋
ヴェズロンス
地中海
西ゴート人

フランスとドイツのペア――団結か敵対か

八〇〇年、シャルルマーニュはローマで、教皇の手で戴冠されました。彼によって初めて、南は地中海から北は北海まで、東はエルベ河から西は大西洋までをひとつの西ヨーロッパとする政治的な空間が現れました。しかしブリテン諸島、アラブ人によって征服されたイベリア半島の大部分、北ヨーロッパと東ヨーロッパに残る異教徒は支配下に入っていませんでした。帝国がシャルルマーニュの孫たちに分割されると、イタリア、フランス（西フランク王国）、ドイツ（東フランク王国）といった国々からなる新しいヨーロッパが出現します。フランスとドイツがのちのヨーロッパの中心をなす対《つい》になりました。しかし二国にまたがる帰属のあいまいな地帯が、一九四五年まで両国をしばしば敵味方に分かつ反目の原因になりました。

ヨーロッパ文化の礎――全土から集まった知識人と反イコノクラスム

シャルルマーニュと廷臣たちはヨーロッパ全体に、共通の文明の雛型を遺しました。それはヨーロッパの最初の「ルネサンス」でした。キリスト教と、再発見された古代ローマの偉大な文化とを結びつけたのです。

このヨーロッパこそが西ヨーロッパでした。シャルルマーニュとその後継者たちは、フランク人、イタリア人、ゲルマン人、スペイン人、アングロサクソン人、アイルランド人の知識人をブレーンとして宮廷に招きました。一方、シャルルマーニュは、このローマ・カトリックの西ヨーロッパを、ギリシア正教の東ヨーロッパから分離することに力を尽くしました。そしてシャルルマーニュは、ギリシア正教で起こっていた、芸術における聖像破壊（イコノクラスム）という危機がこちら側のヨーロッパで荒れ狂うのを避け、神、聖人、人間を絵画や彫刻で表現する立場をとりました。ユダヤ教やイスラム教とは正反対の立場です。この決定はヨーロッパ美術と人間中心主義《ユマニスム》の発展にとって重要であり、人間中心主義は美術の中でも表現されつづけました。神や聖人や人間の像がヨーロッパの教会や宮殿、美術館や、邸宅になかったとしたら、どうなっていたでしょう。

八世紀のあるヨーロッパ人の死

有名な武勲詩であり叙事詩である『ローランの歌』は、シャルルマーニュの甥であったローランの死を語っています。ローランは北スペインのムスリム討伐に向かったシャルルマーニュの遠征の帰途、七七八年、ピレネー山中のロンスヴォーで戦死しました。この戦闘での死者には、偉大な宮廷人エッギハルトもいました。彼の墓碑には「イタリア人は彼のために涙を流し、フランク人は心をさいなまれ、アキテーヌ人とゲルマン人は喪に服す」と刻まれています。シャルルマーニュの戴冠以前でさえ、これが当時のヨーロッパ人だったのですよ。

新しいヨーロッパ人の波

移民がつねにヨーロッパを豊かにしてきました。九世紀から十世紀、あらたな民族がキリスト教世界、すなわちヨーロッパに入ってきました。

西方では、東のゲルマン人、ハンガリー人、スラヴ系の民族（ポーランド人、チェコ人、スロヴァキア人、スロヴェニア人、クロアチア人）が、ローマ教会のヨーロッパにやってきました。

東方では、主要なスラヴ民族、すなわちロシア人と、バルカン、ブルガリア、セルビアに定住したスラヴ人が、ギリシア正教会のヨーロッパに加わりつつありました。

ローマ教会のキリスト教ヨーロッパに最後に入った異教徒は、プロイセン人とリトアニア人でした。

旅する北方民族、ノルマン人

新しくやってきた人々のなかで、スカンディナヴィアのノルマン人の一部は北フランスに定住し、ノルマンディの名を残しました。ノルマン人は十一世紀に大ブリテン島を征服し、一部は南イタリアに移住し、ナポリ王国とシチリア王国をつくりました。こうしてヨーロッパでは新しい混血が生じたのです。南イタリアでは、ノルマン人はローマ帝国以来の住民やギリシア人、ドイツ人と混ざりあいました。

スペインのムスリムがヨーロッパを去り、トルコ人が到来

一四九二年、イベリア半島のキリスト教徒は、グラナダ王国の奪回によって、ポルトガル、つづいてスペインからムスリムを追いやりました。しかし東方ヨーロッパでは、トルコ人が十五世紀から十六世紀にビザンツ帝国を滅ぼしました（彼らは一四五三年にコンスタンティノープルを陥落させ、その後ギリシアと、バルカンの大部分——現在のルーマニア、ブルガリア、ユーゴスラヴィア、アルバニア——を征服しました）。イスタンブールと改称されたコンスタンティノープル周辺の小さな地域以外のヨーロッパから、トルコ人がすっかり追い出されたのは、二十世紀になってからです。このようにヨーロッパの民族地図は複雑でした。

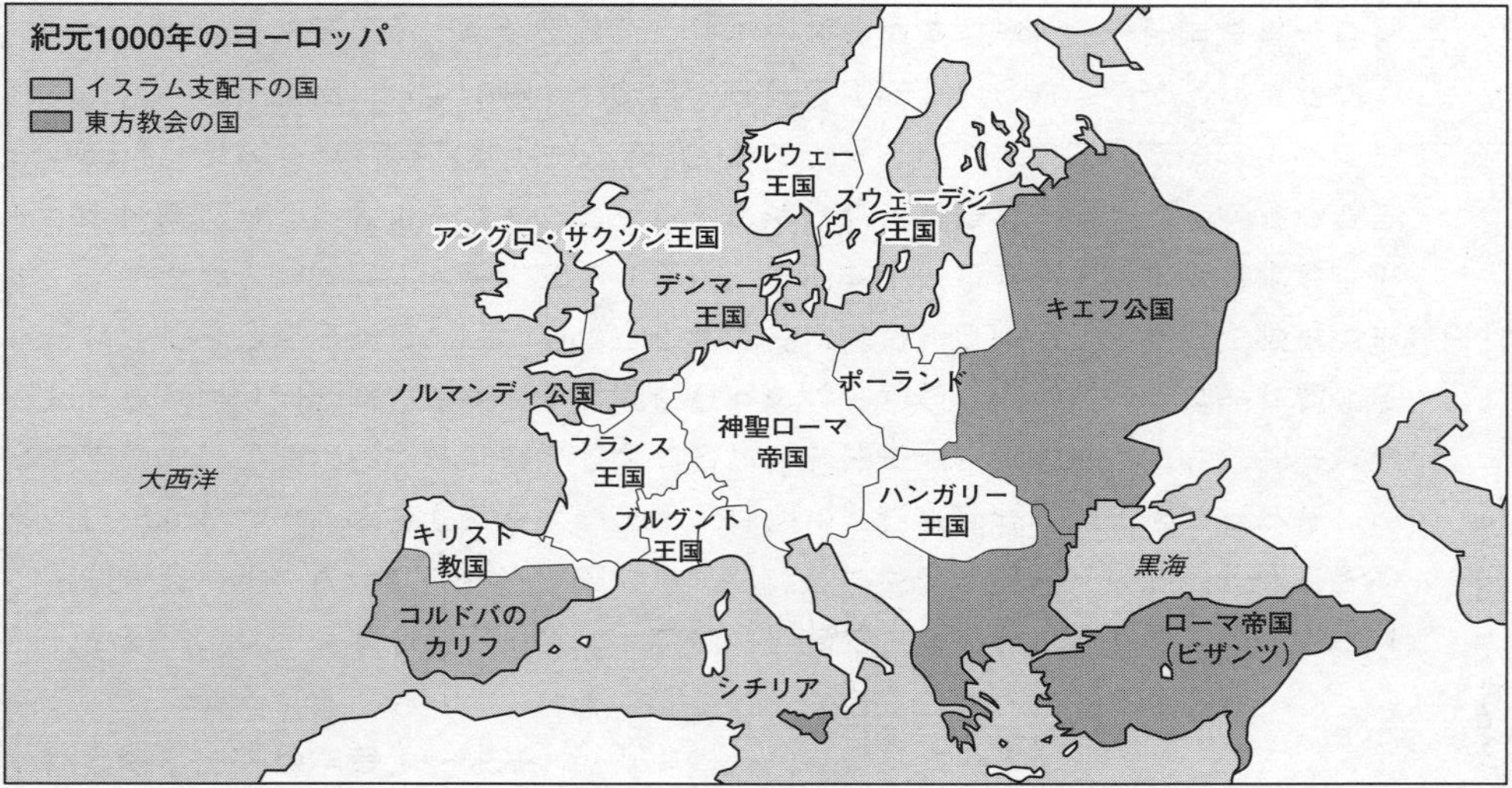
紀元1000年のヨーロッパ
イスラム支配下の国
東方教会の国
ノルウェー王国
スウェーデン王国
アングロ・サクソン王国
デンマーク王国
キエフ公国
ポーランド
ノルマンディ公国
神聖ローマ帝国
フランス王国
大西洋
ハンガリー王国
ブルグント王国
キリスト教国
黒海
コルドバのカリフ
ローマ帝国
(ビザンツ)
シチリア

空の墓の不幸な征服、十字軍

十一世紀、ローマ教会は、キリスト教の発祥地パレスチナ、とりわけエルサレムを征服すべくキリスト教徒を送り出しました。エルサレムはイエスが十字架にかけられ、復活するまで遺体が置かれた場所に建立された聖墳墓教会のある地です。この遠征は十字の旗じるしの下に行われたので、十字軍とよばれました。十字軍によってエルサレムと近東にキリスト教国がつくられました。それによりローマ教会のヨーロッパ人のあいだに、同じひとつの共同体に属しているという感情が強まりました。しかし十字軍は莫大な費用がかかり、十三世紀末には完全な失敗に終わります。十字軍によって西ヨーロッパの人びとのあいだに軍事的拡張という危険な精神が芽生え、ムスリムには反動として聖戦（ジハード）という対抗感情をはぐくみました。キリスト教徒によびさました信仰と勇気の感情がどのようなものであったとしても、十字軍が招いた不幸な影響は、いまなお感じられます。十字軍がヨーロッパにもたらしたものはといえば、当時ヨーロッパに知られていなかったアンズだけだったと書いたひともいました。

ヨーロッパで迫害されたユダヤ人

その宗教と風習において独自の民族であるユダヤ人は、古代から存続していましたが、一世紀と二世紀のローマ人によるエルサレム破壊以降、無数の小さな共同体となり、キリスト教徒によって多くは都市に閉じ込められながら、ヨーロッパ全体に散らばっていました。キリスト教会はキリストを救世主《メシア》として認めないユダヤ教を非難しました。しかしキリスト教徒とユダヤ教徒はヨーロッパで千年間、まずまず平和のうちに共存していました。ところがキリスト教徒のユダヤ人にたいする感情は、十字軍の精神、そしてキリスト教徒には禁じられていた利息付き貸付を行うことがゆるされたため高利貸しとみなされたユダヤ人にたいする、しだいに強まるいらだちによって、じょじょに憎悪に変わりました。自発的であれ組織的であれ、あらゆる種類の迫害、ついには集団虐殺にいたる迫害が、十二世紀以後、ヨーロッパのユダヤ人を襲いました。イングランド、フランス、スペイン、ポルトガルなどのキリスト教徒の君主は、自分たちの王国からユダヤ人を追い出しました。最初はフランスで、つづいてヨーロッパの大部分の国で、ユダヤ人も一般市民と平等であると認められるためには、フランス革命を待たねばなりませんでした。しかしユダヤ人と彼らの宗教への憎悪感情は、十九世紀から二十世紀にかけて、疑似科学的人種理論のせいで、まさしく人種主義、反ユダヤ主義になりました。この異常な状況は第二次世界大戦中、ナチによって遂行された恐ろしい民族大虐殺（＝民族の組織的抹殺）、強制収容所のガス室での数百万のユダヤ人の殺害（ショアー）に行き着きます。アウシュヴィッツはなかでもいちばん恐ろしく、いちばん象徴的な場所です。

東方ヨーロッパでは、主要なユダヤ人共同体が存続していましたが、流血のポグロム(8)をふくむ数多くの迫害を受けました。

反ユダヤ主義者の人種差別は、不幸なことに今日もなお消え去ってはおらず、ヨーロッパの歴史のいちばんおぞましい一面です。

（8）ポグロムとは、ユダヤ人を憎悪する人種主義者（反ユダヤ主義者）の集団によるユダヤ人共同体の虐殺を意味します。

流浪の民も

起源の地インドを出て十五世紀にヨーロッパに到達し、ユダヤ人ほどではなかったものの激しく迫害され、虐待され、ナチによって一部は虐殺されることになる、もうひとつの流浪の民が、孤立して暮らしていました。この周縁の民がロマです。ボヘミアにとどまった者たちはボヘミアンとよばれました。

中世はヨーロッパの形成に不可欠の時代

五世紀から十世紀の中世において、ヨーロッパの共同体が成立するうえでもっとも重要な要因が形成されました。

いきわたった封建制——人と人の関係

当時、ヨーロッパは共通の経済的、社会的、政治的組織をもつようになりました。すなわち封建制です。荘園とよばれる領土に、貴族——領主——はたいてい堅固な城をかまえ、格下の貴族、臣下、そして大勢の農民を支配していました。最も大切なのは人と人の関係であり、保護と引き換えの領主への忠誠でした。

唯一の神、ひとつの教会

教会がヨーロッパじゅうを支配していました。とくに西方ではそうでした。教皇はじょじょに教会の唯一にして至高の聖職者になりました。十五世紀以降、一九七八年にポーランド人の教皇ヨハネ＝パウロ二世が選出されるまで、歴代教皇はすべてイタリア人でした。

教皇の下に枢機卿——枢機卿も長いあいだイタリア人とフランス人でした——、

大司教、司教、司祭がいて、いたるところにあった教皇領のほか、大司教区、司教区、小教区所属の教会領を支配していました。

都市、商人、学校

二十世紀まで、ヨーロッパ人は大部分が農民であり、農村の人々でした。今日の農民が、十八、十九世紀の産業の発達以前にヨーロッパ人口の九〇パーセントを占めていた農民の末裔《まつえい》であることを忘れてはなりません。しかし中世には多くの都会が誕生し、発展しました。最も重要な都市は、王と君主とその臣下たちの権力の所在地でした。都市では、職人、市場、定期市などの経済活動がさかんでした。シャンパーニュ地方の諸都市は、十二世紀から十三世紀に非常に栄えました。新しいタイプの人びとが出現し、裕福な大商人はヨーロッパじゅうのみならずアジアやアフリカでも商売をし、銀行家でもありました。最有力の商人はイタリア人（フィレンツェ人、ジェノヴァ人、ヴェネツィア人）、そしてハンザ同盟という大きな商業組合へと再編成されたフランドル人とドイツ人でした。ハンザ同盟にはロンドン、ブルージュからアントワープ、ハンブルク、リューベック、ダンツィヒ（今日のポーランドのグダニスク）、リガまで、多くの都市が加盟しました。金貨と銀貨の流通が非常に重要になり、多種の貨幣がありました（フィレンツェのフロレンス金貨、ヴェネツィアのデュカ金貨は最も有名）。異なる貨幣の交換は複雑であり、単一通貨が存在しないことが、貨幣のうえに成り立つ経済システムである資本主義の発達にとって足かせとなりました。

都市は文化の中心でもありました。学校を創設し、世俗の子どもたち、とくにブルジョワの子弟に読み書き、計算を教えました。いくつかの都市では、教師と学生の協同組合が高等教育の学校、すなわち大学をつくりました。イギリスのオックスフォードやケンブリッジ、スペインのサラマンカ、ポルトガルのコインブラ、ボヘミアのプラハ、ポーランドのクラコフなどは大学都市です。最も有名だったのは、法学のボローニャ大学と神学のパリ大学でした。サレルノとモンペリエでは医学が教授されました。学生も教師も大学から大学へとヨーロッパじゅうを移動し、大量の手稿本を生み出し、試験の合否による新しい進級制度を始めました。彼らが夏期「休暇《ヴァカンス》」を導入したことを知っていますか。

都市はまた、芸術の中心でした。一〇〇〇年以後、新しい建築と彫刻のスタイルが創造されました。ロマネスク美術です。十二世紀、都市ではゴシック美術がロマネスク美術につづき、大きな窓からの光、とくにステンドグラスによって優美に彩られた光が教会内を照らしました。古代以来すっかり姿を消していた演劇がふたたび上演され、祝祭が多様になり、なかでも精彩を放ったのが謝肉祭《カーニヴァル》でした。都市で人びとは豊かになり、学び、楽しみました。しかし貧者と犯罪者もたくさんいました。都会の悲惨が深まり犯罪がふえました。

国家と君主

十三世紀から十六世紀にかけて、ほぼヨーロッパじゅうで、封建領主をおさえて王と君主が台頭しました。広大な領土――王国や公国――であれ、それより狭い大規模ないし中規模な都市周辺の領土であれ同様で、とりわけイタリアとドイツ、たとえばヴェネツィア、ミラノ、フィレンツェ、ケルン、フランクフルト、ニュルンベルクなどで顕著でした。最も強大で、最も優れた組織をそなえた国家がイギリスとフランスであり、ついでポルトガルとスペインでした。王の頭上には、王自身が仕えるべき抽象的な権力という観念、すなわち現代では国家、当時は「王権」とよばれていたものがありました。聖職者、貴族、市民で構成されていた議会は王権をコントロールしようと努めました。イギリスとフランスの「議会」は、スペインでは「コルテス」とよばれました。こうした議会が実際に成功をおさめた唯一の国がイギリスであり、王権は絶対的権力ではなくなりました。民衆はといえば、不満なときは反乱を起こす以外に要求を実現する方法はありませんでした。くりかえし反乱が起きた二大都市はローマ（皇帝と教皇にたいして）とパリ（王権にたいして）でした。王たちは、司法や財政の大部分を官吏、フランスでは「役人《オフィシエ》」とよばれた人びとに委託しました。統治は次第に官僚的になっていきました。

国家と都市が台頭するよりもさきに、（神聖ローマ帝国の）皇帝（カール大帝以来つねにドイツ人でした）の機能は次第に名誉職的なものになりました。皇帝が有したのは威光であって、権力ではありませんでした。

ヨーロッパがそれとは知らずに発見し、植民地化した大陸――アメリカ

一四九二年、ポルトガルで育ったジェノヴァ生まれのイタリア人、クリストファー・コロンブスは、西回りでインドにいたる航路を見つける目的でスペインに雇われて出航し、四番めの大陸をそれとは知らずに発見しました。新大陸は数年後、べつのイタリア人アメリゴ・ヴェスプッチが再発見し、彼の名にちなんでアメリカと命名されました。

ヨーロッパの主要な海運民族は新大陸を征服し、移住しました。ポルトガル人とスペイン人は南アメリカと北アメリカ南部へ、フランス人、イギリス人、オランダ人は北アメリカ東部を手にしました。彼らはヨーロッパと同じ特徴をもつ新しいヨーロッパをつくります。たとえばニュースペイン、ニューフランス、ニューイングランド、ニューオリンズ、ニューアムステルダム（ニューヨーク）などです。

栄光と恥辱

栄光に満ちた新大陸の征服は、原住民の虐殺、あるいはヨーロッパ人がもちこんだアルコールや病気による荒廃という犠牲のもとになされました。征服者たちは偉大な文明（アステカ、マヤ、インカ）を破壊し、インディオにヨーロッパの習俗、なによりもキリスト教を押しつけました。恥ずべきことに、ヨーロッパによる植民地化は、アメリカの領土を開発するためにアフリカの黒人を奴隷として大量に移送するにいたります。この「貿易」は十九世紀半ばまで行われ、アメリカ合衆国でいまもつづく深刻な黒人問題の起源となりました。

アメリカ合衆国はヨーロッパ人がもたらした進歩と罪悪を綯《な》いまぜに体現しています。一七七六年の独立以来、合衆国は世界で最初の民主的な国家ですが、十九世紀半ばに黒人の奴隷制を廃止するには、悲惨な内戦である南北戦争を経なければなりませんでした。南北戦争は『風と共に去りぬ』などの多くのアメリカ映画に描かれています。

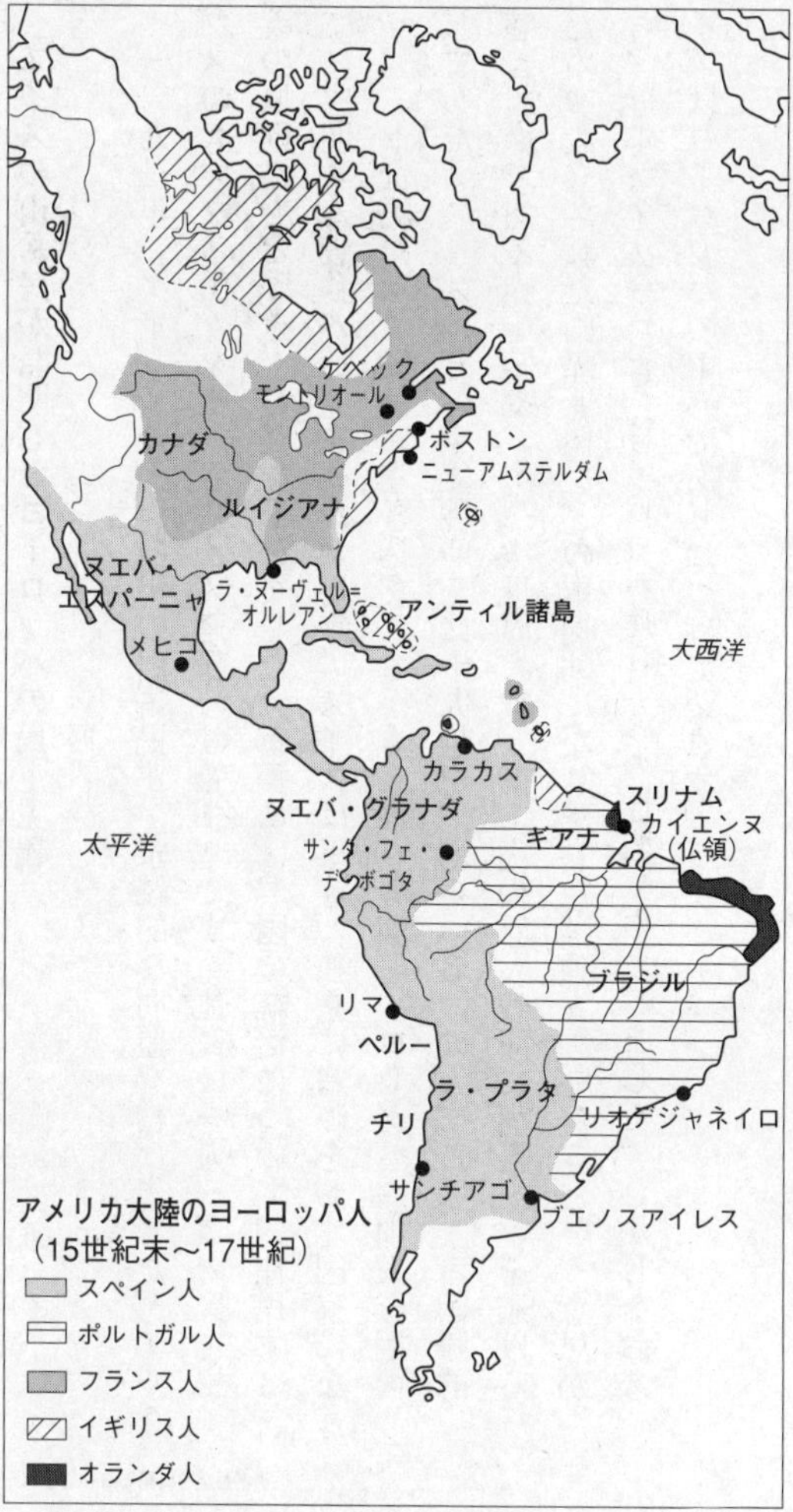
ケベック
モントリオール
ボストン
ニューアムステルダム
カナダ
ルイジアナ
ヌエバ・
エスパーニャ
ラ・ヌーヴェル＝
オルレアン
アンティル諸島
メヒコ
大西洋
カラカス
スリナム
カイエンヌ
（仏領）
ギアナ
ヌエバ・グラナダ
太平洋
サンタ・フェ・
デ・ボゴタ
ブラジル
リマ
ペルー
ラ・プラタ
チリ
リオデジャネイロ
サンチアゴ
ブエノスアイレス
アメリカ大陸のヨーロッパ人
（15世紀末～17世紀）
スペイン人
ポルトガル人
フランス人
イギリス人
オランダ人

スイスの山岳民が発明したヨーロッパの民主主義

一二九一年、アルプスの三つの州の山岳民が、永続的な同盟を結びました。アルプスの大いなる山々を統べるスイス連邦のはじまりです。住民は一人一票の民主主義の原則にもとづき、首長を選びました。首長には、国の統治について、住民すべてに説明する義務がありました。以来、スイスは平等と独立に基礎をおく国家になり、二十世紀には、戦争に巻き込まれるかもしれない国家ブロックへの加入を拒否しました。スイスはその中立性ゆえに十九世紀、あらゆる国の人にたいする国際的慈善組織である赤十字や、第一次世界大戦と第二次世界大戦間に国際紛争を避けるために設立された国際連盟などの本拠地になりました。独立を守ろうという意思から、近年スイスはEU（ヨーロッパ連合）への加盟を拒否しました。しかしなおスイスはヨーロッパの中心でありつづけています。

花開くヨーロッパ——ルネサンスとユマニスム

十四世紀から十五世紀の長い危機の果てに、ヨーロッパは復興します。ヨーロッパの歴史は、繁栄の時代と危機の時代の連続でもあります。新しい進歩の時代に先立って、停滞の時期があるのです。たとえば一九四五年から一九七五年まで、ヨーロッパは「栄光の三〇年」とよばれた繁栄の局面にありましたが、それ以降は危機にあります——その最も重要な指標が失業です。

十六世紀、大部分のヨーロッパ人はまだ中世を生きていましたが、変化は加速しており、大発見が地平線の彼方の世界への興味をかき立てました。アメリカの貴金属——金と銀——の流入が、貨幣の流通量を増大させました。印刷された書物の普及は、知識と文化を広めました。古代美術を尊重する新しい芸術の開花——それがルネサンスです——は、贅沢と祝祭の雰囲気のなかにありました。それはとりわけ王侯の宮廷に花開きました。ルネサンスはイタリアで始まり、全ヨーロッパへと広まります。フランスには、ひときわ輝かしい作品が生まれ、ロワール河畔の数々の城が建造されました。

古代ローマのみならず、トルコ人によるコンスタンティノープル陥落後に西洋に避難してきたビザンツの知識人たちがもたらした古代ギリシアもまた、イタリアのルネサンスに息吹を与えました。古代ギリシアのように、ふたたび人間が学問と文化、そして美の中心になります。それが、ルネサンス最高の芸術家、イタリア人ミケランジェロの手になるフィレンツェの偉大なダヴィデ像が表現しているものです。批判的精神が生まれます。文献学――テキストにかんする学問的研究――によって、写字生が間違って書き写した古代のテキストが訂正されるようになります。ある種の寛容の精神が現れます。その模範がひとりのオランダ人、ロッテルダムのエラスムス（一四六九頃―一五三六）でした。彼はフランス、イギリス、イタリア、オランダで生き、教え、執筆し、バールというドイツの町（現在はスイス）で生涯を閉じます。エラスムスは古代の精神と福音書の精神を調和させようとしました。ヨーロッパの普遍的文化と精神を体現した人でした。今日、ヨーロッパ共通の研究プログラム、すなわち自国以外のヨーロッパの国へ勉強に行く研究者への奨学金には「エラスムス基金」として彼の名を冠しています。

ヨーロッパの分裂――カトリックとプロテスタント

教会の富、教皇をはじめとしたローマ・カトリックの聖職者の悪しき品行、福音書の博愛の教えを無視したありようが、少なからぬキリスト教徒を教会に反逆させ、離反させました。こうした改革者、プロテスタントを代表するふたりの指導者が、ドイツのマルティン・ルターとジュネーヴのジャン・カルヴァンです。彼らは教皇の権威、聖母マリアと聖人崇拝、中世神学を拒否しました。プロテスタントは聖書と教父たちへの回帰を求め、修道士制度を廃止し、聖職者(または牧師)の結婚を認めました。

プロテスタントはイギリスやオランダ、スカンディナヴィア諸国などの北ヨーロッパで勝利しました。カトリックは地中海ヨーロッパ(イタリア、スペイン、ポルトガル)で維持されました。ふたつのキリスト教はドイツとフランスを二分します。どちらの国でもプロテスタントは少数派として、カトリックにとどまりつづける王権によって迫害されました。

これはヨーロッパ内部の大分裂でした。フランスではカトリックとプロテスタントが対立し、おそろしい内戦になりました。一六八五年、ルイ十四世はついにフランスからプロテスタントを追放しました。

泣く四旬節と笑う謝肉祭

つぎはカトリック教会が改革をこころみる番です。それが反宗教改革ですが、プロテスタントとカトリックによる、二つのキリスト教改革があったのだと考えることもできます。臣民はたいてい、王や君主と同じ宗教の信徒でした。宗教的分裂は国民の分裂をすすめることになりました。今日、北アイルランド以外では、同じ国に平穏に暮らしているカトリックとプロテスタントのあいだに敵意はほとんど見られません。しかしカトリックとプロテスタントのちがいは文化的、心理的な刻印を残しました。一般にプロテスタントは厳格な慣習を守りますが、ものの考え方はより自由です。カトリックは慣習においてはより自由ですが、保守的な考え方を守っています。長いあいだ、プロテスタントにもカトリックにも共通の二つの傾向があ

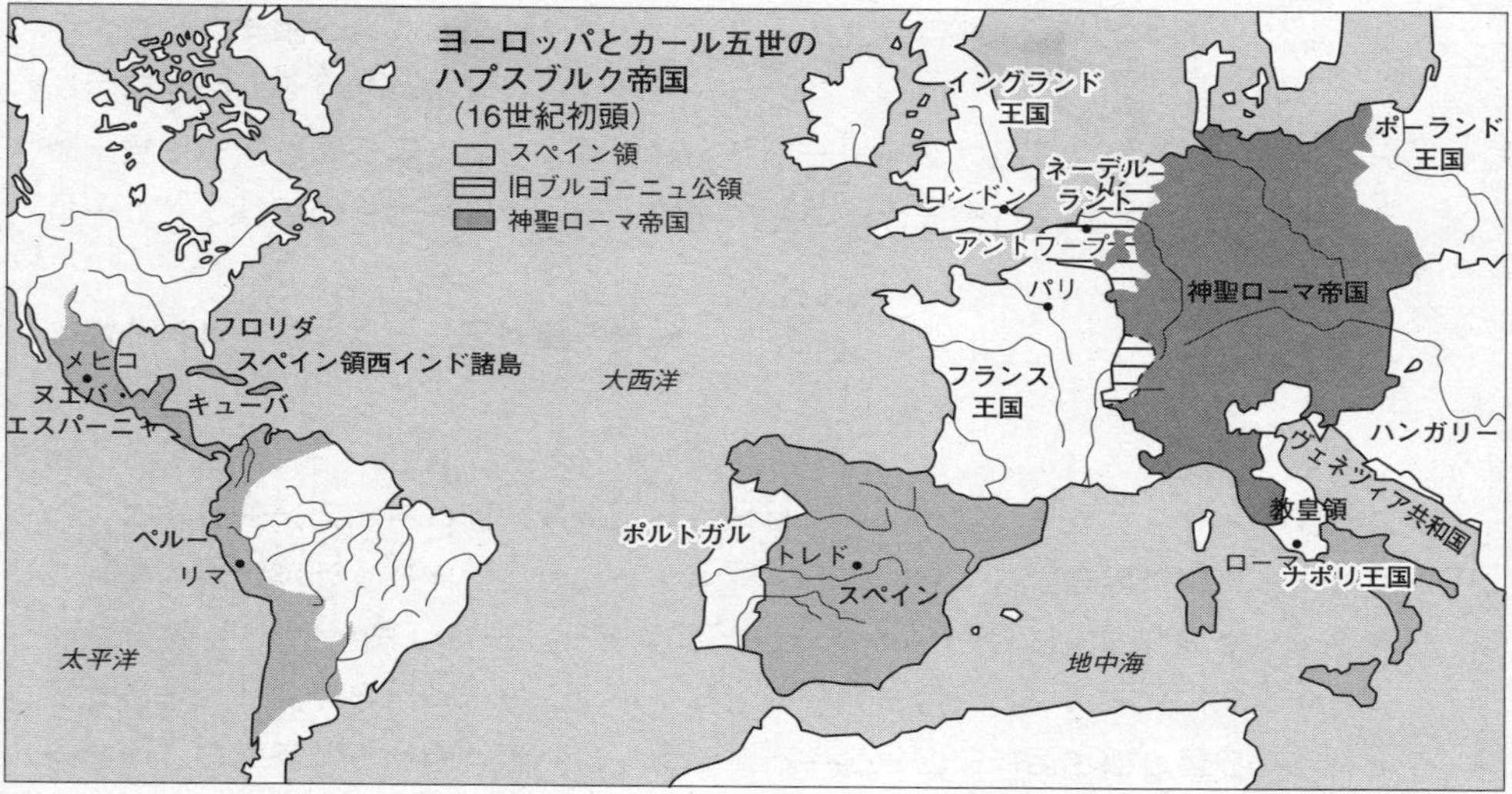
ヨーロッパとカール五世の
ハプスブルク帝国
（16世紀初頭）
スペイン領
旧ブルゴーニュ公領
神聖ローマ帝国
イングランド
王国
ロンドン
ネーデル
ラント
アントワープ
パリ
フランス
王国
ポーランド
王国
神聖ローマ帝国
ハンガリー
ヴェネツィア共和国
教皇領
ローマ
ナポリ王国
ポルトガル
トレド
スペイン
地中海
大西洋
フロリダ
スペイン領西インド諸島
キューバ
メヒコ
ヌエバ・
エスパーニャ
ペルー
リマ
太平洋

りました。ひとつは、復活祭前の四旬節《しじゅんせつ》の期間に断食と節制を守る厳格さであり、もうひとつは謝肉祭《カーニヴァル》のお祭り騒ぎによる解放です。謝肉祭と四旬節の闘いは、ヨーロッパの大テーマなのです。このテーマは、オーストリアのウィーンにあるブリューゲルの絵(一五五九年)によって不朽のものとなりました。プロテスタントのカルヴァンが笑わなかったとしても、カトリックのひじょうに独創的な修道士ラブレーは、自作の主人公である巨人たち、ガルガンチュアとパンタグリュエルとともに哄笑《こうしょう》しています。

分裂するヨーロッパ——国家間の戦争

ヨーロッパで国家が強大になった十六世紀から十七世紀に、威光をほしいままにした王朝や王家の願いは、ヨーロッパ最大の領土を獲得して権勢をふるうこと——しばしば武力、すなわち軍隊によって——でした。

それが十六世紀のスペインであり、ヨーロッパ北部にオランダとフランシュ・コンテ地方、アメリカに広大な植民地帝国を有しました。それこそが、帝位(一五一九―五六）が栄光の輝きに包まれた神聖ローマ帝国最後の皇帝カール五世（スペイン王としてはカルロス一世）とその息子、プロテスタントに対抗するカトリックのヨーロッパの盟主フェリペ二世の夢でした。十七世紀、ヨーロッパの覇権はフランスのブルボン王朝、とりわけ太陽王であり戦争王でもあったルイ十四世（在位一六四三―一七一五）と、オーストリア＝スペインのハプスブルク王朝のあいだで争われました。十八世紀、艦隊が海洋を制覇したイギリスがヨーロッパの支配者となりました。その結果、ヨーロッパ人同士が相争う戦争がずっと続きました。

ヨーロッパ内外の新国家

一七七六年、イギリスはアメリカ大陸の植民地を失いました。アメリカ合衆国の誕生です。アメリカ合衆国は住民の大半はヨーロッパ人だったのですが、やがて二十世紀にはヨーロッパの強力なライバルとなります。

ヨーロッパでは十八世紀、やがて強大になる国家が東と北に現れます。ロシアではピョートル大帝（オランダの海軍造船所に留学しました）が西洋をモデルに近代化を図ります。さらにスウェーデンとプロイセンの君主も軍事力を基盤に権勢を確立しました。

バロックのヨーロッパ

十七世紀初頭、イタリア、とりわけローマとトリノが近代的なスタイルの新しい芸術様式、バロックを発信します。ヨーロッパでは二つの様式、すなわちあるときは規則的で単純で左右対称の形態を、あるときは複雑で歪んだ左右非対称の形態を、代わる代わる熱烈に求めてきたのです。前者は古典様式、後者は近代様式と称されます。十七世紀、古典様式がとりわけフランスとイギリスで優勢でしたが、ヨーロッパの大部分においては近代様式のバロックが建築、彫刻、絵画、文学、音楽の各分野で広まりました。ローマ・バロックの偉大な芸術家ジャン・ロレンツォ・ベルニーニ（一五九八―一六八〇）はルーヴル宮の改築計画の発注を受けましたが、かの地では古典趣味が支配的であり、宰相コルベールによりベルニーニの仕事は頓挫しました。にもかかわらずヨーロッパじゅうで有名だったベルニーニは、ルイ十四世やイングランド王チャールズ一世の彫像を制作しました。ベルニーニの輝くばかりの奔放な作風は、ローマのナヴォーナ広場に見られるような壮麗な噴水を生み出しました。

バロックはシチリアからリトアニアまで、パレルモからヴィリニュスやモスクワまで、ヨーロッパじゅうに広まりました。イタリアのトリノ、ヴェネツィア、ジェノヴァ、ナポリ、スペインのサラマンカ、ボヘミアのプラハはバロックの都市です。バロック最大の画家、フランドル人のピーテル・ルーベンス（一五七七—一六四〇）はイタリアとアントワープで、そしてイングランド王のためにロンドンで、マリー・ド・メディシス王妃のためにパリで、生活し、制作しました。

バロックはとりわけ建築と音楽に表現されました。十八世紀の有名な音楽家は傑作を残しています。ヴェネツィア人アントニオ・ヴィヴァルディのコンチェルト、ドイツ人ヨハン＝セバスチャン・バッハのフーガ、フランス人ジャン＝フィリップ・ラモーのオペラ、イギリスで暮らしたドイツ人ゲオルク・ヘンデルのオラトリオなどは、ヨーロッパ・バロックの至宝です。

今日、「バロック」といえば、「奇妙、凝りすぎ」という意味だと思うでしょう。

「バロック」という言葉のもとになったポルトガル語「バロッコ」は、歪《ゆが》んだ真珠を意味します。美しいバロックはきらめく真珠であり、独創的なものです。

ユマニスムから啓蒙へ、ヨーロッパ進歩思想の発展

幸いなことに、強国は美術と文学の威光によっても重きをなしていました。十六世紀半ばから十八世紀半ばまでは、スペインの黄金の世紀です。スペインの小説家といえばミゲル・デ・セルバンテスであり、スペインの演劇はたとえばコルネイユの『ル・シッド』に見られるように、ヨーロッパの演劇に大きな影響を与えました。スペインは文学史上、ドン・キホーテとサンチョ・パンサ、ドン・ファンのような、ヨーロッパじゅうに広まったヒーローを生みました。

フランスのいわゆる古典主義では、ルイ十四世治下、モリエールとヴェルサイユ宮殿が広く文学と芸術の模範とされ、とりわけフランス語はヨーロッパの貴族と中産階級、教養人の言語になって、その傾向は二十世紀までつづきました。

イタリアはつねに芸術の国でした。ヨーロッパの芸術家はごく若いうちから、

「グランド・ツアー」と称して、イタリアに長期間滞在し、美術の原画に学ぶものとされていました。ローマにおいてヨーロッパ美術の偉大な洗練が吸収されたのです。十七、十八世紀、ニコラ・プサンなど、フランスの多くの芸術家が人生の少なからぬ年月をローマで過ごしました。

十八世紀、光はまず北方から、イギリスから来ました。イギリスの哲学が圧倒的な成功を収め、やがて大陸を席巻し、フランスの哲学者に引き継がれることになります。十六世紀以降、向こう見ずな——多くは命がけの——人びとがしばしば宗教を批判しました。以後、科学と理性は哲学的思考をはぐくみ、哲学は宗教と政治権力にたいしてしだいに自由に、また不遜で大胆になったのです。ヨーロッパの各国語で「光で照らすこと」を意味するとおり、「啓蒙」は、ポルトガルからロシアまで、ヨーロッパ人の思考に不可欠の新しい基層となりました。たいして自由主義的でない君主でさえ哲学通を鼻にかけ、フランス人哲学者、とくにヴォルテールやディドロを相談役として招こうとしました。たとえばプロイセン王フリードリヒ二世、ロシアの女帝エカテリーナ二世、オーストリア皇帝ヨーゼフ二世などがそうです。しかし彼らと哲学者とは、たがいに相手にたいして幻想をもちあっていたことに気づき、ひどく驚くことになりました。しかも、たいていの政府は、とくに教会の圧力下にあるカトリック国では、書物、書類、図版、芝居や見世物の興行などにたいする苛烈な検閲を徹底させました。体制に異議を申し立てる著者の書物の多くは、リベラルなプロテスタントの国オランダで、偽名で出版されました。

近代科学の誕生

古代中国には卓越した科学がすでに存在していました。中国はヨーロッパより先に羅針盤、紙、火薬、印刷術、紙幣、時計を発明していたのです。しかし中国ではこうした発明をあまり利用せず、それらは皇帝、官吏、文人などの手のうちにとどまりました。多くは珍奇な品のままだったのです。

ヨーロッパでは発明を普及させ、理論と実用、概念とその日常生活への応用を結びつけました。およそ十五世紀以降、ヨーロッパの科学は観察、計算と理論、証明、実験、応用によって進歩しました。例をあげてみましょう。

ヨーロッパ人は地球と惑星を回転させた

ヨーロッパ人はすでに中世に、地球は平面でなく球体であることを知っていました。にもかかわらず人びとは、プトレマイオスの定理に異議を唱えませんでした。この定理は教会と聖書の教えにかない、地球は不動で宇宙の中心にあり、天体が地球のまわりを回っているとしていました。

ポーランドの天文学者ニコラウス・コペルニクス（一四七三―一五四三）はイタリアで研究し、惑星の動きを観察し計算することによって、惑星は地球のまわりではなく太陽のまわりを回っていて、地球もまた惑星の一つとして、太陽のまわりを回っていることを発見します。コペルニクスは慎重に、自説を述べた著作を死期が近いと悟るまでは出版しませんでした。ドイツ人のヨハネス・ケプラー（一五七一―一六三〇）とイタリア人ガリレオ・ガリレイはこの道をさらにおし進めました。ガリレイは望遠鏡をつくり、太陽のまわりを回る金星の満ち欠けを発見しました。ガリレイこそまさに、物理学の創設者でした。超自然の神的力の影響を排し、宇宙のはたらきの法則を示したのです。ガリレイは教皇によって有罪を宣告され、異端審問——中世に、教会が異端を打ち倒すために設置しました——で自説の破棄を宣誓させられました。ガリレイはつぶやきました、「それでも地球は回っている！」

ヨーロッパ人は血を循環させた

イギリス人医師ウィリアム・ハーヴェイ（一五七八—一六五七）はケンブリッジ大学とイタリアのパドヴァ大学で学びました。一六一六年、血液の循環を発見し、一六二八年に著作で発表します。彼は最初に心臓と人体の血液量を測定した人です。それ以降、人間に必要かつ不可欠なこの液体の病気について、研究と治療が進みました。

ヨーロッパ人はリンゴが落ちるのを見た

イギリス人アイザック・ニュートンは偉大な観察者で実験者でした。ニュートンはリンゴが足下に落ちるのを見て、「万有引力の法則」を発見したといわれています。これによって、二つの物体がどのように引き合うかの計算が可能になりました。万有引力の法則は地上でも天体でも成り立ちます。世界的な学者ニュートンは、視覚の科学である光学を進歩させた人としても有名でした。ニュートンは望遠鏡をつくり、白色光がプリズムによって原色に分解（紫、藍、青、緑、黄、橙、赤）されることを明らかにしました。彼は大著『プリンキピア（自然哲学の数学的原理）』（一六八六―八七）で科学的・合理的な研究方法について、憲章ともいうべき原則を打ち立てました。

ヨーロッパ人はなべを沸騰させる

フランス人ドゥニ・パパン（一六四七―一七一二頃）は水蒸気の力を観察しました。彼はプロテスタントだったので、一六八五年にフランスから亡命しなければなりませんでした。パパンはイギリスで、シリンダーのなかのピストンを動かすために水蒸気の圧力を利用する「圧力なべ」を発明しました。

これはエネルギー分野での一大革命でした。かつて仕事の原動力は人力であり、ついで中世には水車か風車だったのです。蒸気のおかげで、ヨーロッパで誕生した近代的産業は発展します。蒸気はさまざまな機械を動かすようになり、まもなく蒸気船や蒸気機関車が登場します。

近代化学の創造

この分野で有名なのはフランソワ・ラヴォワジエ（一七四三―九四）ですが、スウェーデン人のカール・ウィルヘルム・シーレ（一七四二―八六）やイギリス人のヘンリー・キャヴェンディッシュ（一七三一―一八一〇）などもいます。彼らは水素などの化学元素、水や空気の組成、元素と元素の化合、化学反応を発見し、それらを分析あるいは合成し、成分の測定を可能にしました。成果は工業や医学、日常生活に幅広く応用されました。イタリア人アレッサンドロ・ヴォルタ（一七四五―一八二七）は一八〇〇年に電池を発明します。こうした発明は人類の知識と生活に変革をもたらしました。

数学機械の改良

多くの発明に基づき、計算機がつくられました。数学ではとくに代数学の分野で進歩がめざましく、それらの応用によって物理学と自然科学全体のための精緻な器具がつくられました。この分野での主要な発見はフランス人のルネ・デカルト（一五九六―一六五〇）、ドイツ人のゴットフリート・ライプニッツ（一六四六―一七一六）、スイス人のレオンハルト・オイラー（一七〇七―八三）、イタリア出身のフランス人ルイ・ド・ラグランジュ（一七三六―一八一三）らによるものです。彼らはトリノ、ベルリン、パリで研究しました。

宇宙の構造の発見

こうした発見を天文学者たちが利用しました。天文学者、数学者、物理学者であったフランス人のピエール・ラプラス（一七四九―一八二七）は、太陽系も地球も回転する星雲から誕生したとする「世界の体系」を提唱しました。彼はニュートン以来のあらゆる発見を総合し、大著『天空力学』にまとめました。

進歩、ヨーロッパの新しい思想

近代科学をつくったこうした発見や発明は、たがいに結びつきつつ発展したヨーロッパの学者たちの共同体による、共働の成果であったことがおわかりでしょう。若い者は年長者の教えを受け、同時代の者はたがいに知り合い、文通し、会って話しあうのです。近代科学をめぐるひとつのヨーロッパというものが存在したのです。学者は科学的な発明が技術的発明と密接に結びつくことをよく知っていました。それは蒸気機関にかかわる分野をみれば明々白々でした。科学的な発明と技術的発明はまた、啓蒙哲学者の思想につながってゆきました。

この事実がヨーロッパの哲学者と学者のグループが企てた大規模な共同著作の試み、とくにフランス人哲学者ディドロと、哲学者で数学者でもあったダランベールのリーダーシップによって実現した著作に着想を与えました。一七五一年から一七七二年にかけて刊行された一七巻の『百科全書』(『百科全書、あるいは科学、芸術、技術の理論的事典』)です。この近代的精神の総決算は、ヨーロッパじゅうでよく読まれました。知識人であればフランス語を読むことができたからです。『百科全書』は、人類はヨーロッパにおいて、物質、科学、哲学の各分野で、古代以来存在したすべてのものをしのぐ発見を成し遂げたという思想を広めました。これが「進歩」という思想であり、この考え方がヨーロッパ人をつき動かし、またヨーロッパ人が「進歩」を世界中に広めたのです。

今日、わたしたちは、二十世紀に多くの残虐、危機、蛮行、そして無力への回帰があったことを知っているので、進歩のリアリティを疑っています。しかし進歩が実感できなかったり、前進がつづかず、立ち止まったり、ましてや押しもどされたりすることがあるとしても、わたしたちはそれが一時の事故にすぎなかったということになるように対処しなければなりません。ヨーロッパがまっさきに実現し、定義し、人類に差し出した進歩に向かって、ふたたび歩みはじめなければならないのです。

ヨーロッパに火をつけたフランス革命——賛成？ 反対？

一七八九年、フランスで革命が起き、統治と社会のありかたがすっかり変わりました。王政は廃止され、かわりに共和制が宣言されました。選挙で選ばれた代議員からなる議会が、国民とよばれるフランス人全体を統治するのです。代議員が封建制を廃止したので、特権とよばれる恩恵を享受する領主は消えました。たとえば、領主はもはや農民に租税をかけることもなく、狩猟のような、ある種の特権的な活動をする権利を失い、豪華な衣装やかつら、幌付《ほろつき》四輪馬車のように外から見えるしるしによって優越を誇示してはならないことになりました。代議員はあらゆるフランス人は自由で平等であると宣言しました。彼らは共和国に、ある標語を贈りました。公共の建物に掲げられているでしょう——「自由、平等、博愛」です。まわりを見わたしてみて、この理想は実現されたと考えますか？

代議員たちはさらに、人類全体に受け入れられる人間の規範を示したいと願いました。それが人権宣言（正称は「人《オム》および市民の権利の宣言」）です。人権宣言はとくに自由を強調します。男《オム》(または女――フランス革命には多くの女性が参加したにもかかわらず、革命はとりわけ男たちによって、男たちのためになされました)は、その信条のために投獄されるおそれはありません。個人の身体は傷つけられることなく尊重されるべきで、体罰や拷問はあってはなりません。今日、ヨーロッパで人権の大部分は尊重されているとしても、世界でも同じだというわけにはいきません。これらの権利は、ヨーロッパでヨーロッパ人によって宣言されたものですが、いま世界の多くの地域ではかつてないほど緊急の問題になっています。アムネスティ・インターナショナルのような勇気ある組織が、人権が尊重されるようにはたらきかけています。

残念ながら、フランス革命はその本来の原則をずっと守りつづけたわけではなく、非難されるべき堕落を経験しました。その影響はヨーロッパに禍根を残しました。自由と平等は寛容にいたるべきものです。しかしながらまもなく、革命家たちのなかでももっとも不寛容な者たちが権力を握りました。革命家は市民の自由を抑制し、独立した裁判によって公正に守られるべき権利を尊重せずに、自分たちの敵をギロチン台で処刑しました。そして恐怖が支配するにまかせました。こうした共和主義者のグループがフランス西部で、共和制に反対する人びと、すなわち貴族、聖職者、農民、〔反革命反乱が起きた〕ヴァンデ地方の住民、ふくろう党員〔反革命を掲げる王党派〕などにたいして、不寛容でしばしば残酷な戦闘を引き起こします。こうして革命過激な革命家はカトリック教会、さらには宗教さえも攻撃しました。革命は、大多数の聖職者と、宗教に帰依する多くの信徒の憎悪を呼び起こしました。革命はこの点ではやはり不寛容だったのです。その代わり革命は、プロテスタントとユダヤ人を、他の人たちと完全に同じ権利をもつ市民として認めました。

特筆すべきは一七九二年、革命政府が、国王と旧体制（アンシャン・レジーム）を復活させるように迫ったオーストリア皇帝とプロイセン王に、ついでイギリス国王とオランダにたいし、宣戦布告をしたことです。この戦争によって、フランス革命はほとんどヨーロッパじゅうに干渉する結果になりました。フランス革命は相矛盾する二つの願望を混ぜあわせていたのです。ひとつは、王と支配層に抑圧されていたヨーロッパの民衆に革命の福利、とりわけ自由をもたらすこと、もうひとつはフランス人の征服欲を満たすことでした。

ヨーロッパ人は革命の賛成者と反対者に二分されました。新たにヨーロッパに生じたこの亀裂は長いあいだつづき、革命と反革命、進歩主義者と反動主義者が対立してきました。ヨーロッパはいまもなお、左翼と右翼の対立をかかえています。

当初、民衆はフランス革命に賛成して自国でもお手本にしようとし、一方、支配層である王侯貴族はフランス革命に反対したといえるでしょう。しかし、やがて民衆もフランス革命に背をむけ、革命はますます民族主義的になり、覇権を求めて歩むようになりました。

ヨーロッパ統一の悪しき試み——ナポレオン

ナポレオン・ボナパルトはフランスで権力を握ると、戦争をヨーロッパへと広げました。最初、ナポレオンはフランス革命が実現した改革のいくつかを完成させ、自由とさらなる正義をもたらしたいと願っていました。ナポレオンは当初はポーランド——その頃ロシア、オーストリア、プロイセンという強大な隣国が分割支配していました——、オーストリアに抑えつけられていたダルマティア、ブルボン王朝の王たちを嫌っていたナポリ王国のような国々で歓迎されます。しかしついには、全ヨーロッパがナポレオンに対抗する同盟を結びました。なかにはナポレオンのフランスが支配するヨーロッパに抗して蜂起した民族もいます。たとえばロシア人はモスクワを占領したナポレオンに厳冬のなか、悲惨な退却を強いました。スペイン人はとくにゲリラ戦に走り、スペイン独立戦争では正規軍ではなく、急ごしらえの民衆部隊が前線に立って戦いました。

二十世紀、いっそうおぞましい、ヒトラーによるヨーロッパ統一の野望はついえました。ヨーロッパは国と国民の自発的な意思によってのみ統一できるのです。

ヨーロッパはロマン主義の夢をみる

ユマニスム、バロック、啓蒙主義が誕生し、ヨーロッパじゅうに広まったように、十九世紀前半、ジュネーヴ生まれのジャン゠ジャック・ルソーを祖とする新しい文学・芸術運動が、スラヴやスカンディナヴィアから地中海沿岸までの国々に普及しました。たとえばロシアを代表するのは、偉大な詩人プーシキンです。ロマン主義はとりわけ詩人、画家、音楽家に霊感を吹き込みました。彼らは熱い情熱と夢想、自由の精神を賞賛しました。ロマン主義は動きと色彩によって表現されました。イギリスでは詩人のジョージ・バイロン、ジョン・キーツ、パーシー・シェリー。ドイツ圏では音楽家のルートヴィヒ・ヴァン・ベートーヴェン、フランツ・シューベルト、ロベルト・シューマン。フランスでは作家のルネ・ド・シャトーブリアン、詩人のアルフォンス・ド・ラマルティーヌ、ヴィクトル・ユゴー、アルフレッド・ド・ミュッセ、画家のウジェーヌ・ドラクロワ、作曲家のエクトール・ベルリオーズ。イタリアでは小説家のアレッサンドロ・マンゾーニ、詩人のジャコモ・レオパルディ。またポーランドの音楽家フレデリック・ショパンとハンガリーの音楽家フランツ・リストは、偉大なロマン主義者でした。ヨーロッパじゅうでこれらの詩人や音楽家の作品が読まれ、演奏されました。今日でもなお、多くのヨーロッパ人がロマン主義の感性をもっています。

機械とお金の十九世紀

最初はイギリス、ついでヨーロッパ大陸の国々が新しい技術を開発し、機械を製造し、産業を興《おこ》しました。工場のせいでヨーロッパの国々は煙突と煙でいっぱいになりました。石炭と鉄鉱石が大量に採掘されました。炭鉱地帯がイギリス（中部地方）、フランス（北部とロレーヌ地方）、ドイツ（リール地方）に出現しました。木綿の加工から繊維産業が生まれました。こうして新しい労働者である工員が労働者階級を形成しましたが、その生活環境はしばしば非衛生的で、悲惨でした。蒸気機関によって交通手段は飛躍的に発展しました。鉄道が旅行者や商品を運ぶようになりました。汽船が大型帆船にとってかわりました。

十九世紀末には第二次産業革命が起こりました。電気の出現です。内燃機関によってガスと石油が利用できるようになりました。一八八九年建造のエッフェル塔はまだ鉄製でしたが、だんだん鋼鉄の製造が増大しました。化学製品は染料や人工繊維、また農作物増産のための肥料などを生みだしました。大量の新製品の生産は、人びとがそれを購入し、その生産資金を供給できることを前提にしています。資本を集め、予算をたて、資金を循環させなければなりません。銀行が発達し、紙幣が普及し、株主が資金を投じて購入した株数に応じて利益が配分される株式会社が生まれました。こうして資本主義が圧倒的な力をもつようになります。ヨーロッパは金銭の時代に入りました。金持ちと貧しい人の格差が、かつてないほど広がりました。

日常生活の激変

ミシン、自転車、電話がヨーロッパ人の生活を変えました。これらはたしかにヨーロッパ人の発明ですが、以後、アメリカ合衆国が科学と経済の発展に寄与するようになります。アメリカ人のトマス・エジソンは多くの発明をしました。白熱灯は、電線を熱することによって発光させるものでした。つづいて自動車、飛行機、そしてリュミエール兄弟の映写機――一九九五年には百周年が祝われました――が発明されました。新しいタイプの人間が登場しました――技術者です。

民族と国民のめざめ

十九世紀には、長いあいだ抑圧されていた民族がめざめました。ナショナリズムの爆発です。これには良い面と悪い面の両面がありました。良い面は、民族自決権といわれる、民族が独立する権利です。一八三〇年、その最初の爆発〔七月革命〕は、フランスにはより自由な政体〔立憲君主制〕を誕生させ〔ドラクロワの有名な絵画には、国王に抗して立ち上がったパリ市民のバリケードの上に三色旗をもった自由の女神が描かれています〕、ヨーロッパには新国家の形成をもたらしました。ベルギーはオランダから分離しました。ギリシアはトルコから独立しました。詩人のバイロンのように、多くのヨーロッパの知識人が現地で独立運動を支援しました。一八四八年、ヨーロッパのいたるところで、ナショナリズムの革命運動が炸裂《さくれつ》しました。これが「諸国民の春」です。フランスは共和制を宣言しました。

しかし悪しきナショナリズムも登場しました。ナショナリズムによって隣国への優越を宣言し、自国民が少数しか住んでいない領土を併合しようとした国民もいました。急進的で好戦的なナショナリズムは、他国の独立と平和にとっての脅威になります。

イタリアとドイツの誕生

民族的統一に成功し、国民国家になったものの、王を戴きつづけたのがイタリアとドイツです。イタリア人はフランスの支援のもとに、オーストリア人をミラノとヴェネツィアから追い出しました。これら小王国の王族たちは逃亡しなければなりませんでした。そしてついに教皇が領土を失い、教皇庁はローマ市の一郭を占めるのみとなり、一九二九年にバチカン市国になりました。一八七〇年にはイタリア王国が誕生します。

ドイツのいくつかの国は、普仏戦争に勝利したのち、一八七一年に統合してプロイセン王をドイツ皇帝に戴くひとつの国家になりました。

今日なお、ドイツとイタリアは、イギリスやフランスが中世以来獲得してきた安定感と一貫性には欠ける若い国なのだということを忘れてはなりません。

諸国民に立ち向かうヨーロッパ

ナポレオンを敗北させ、その軍事力の上に築かれた彼のヨーロッパ帝国を解体した人びとは、一八一五年、ウィーン会議を開催し、ヨーロッパの見取り図を描きました。しかしウィーンの同盟がめざしたヨーロッパは、諸国民の自由を認めないものでした。この「神聖同盟」のヨーロッパを支配したのは、ロシア、プロイセン、オーストリア＝ハンガリーの君主で、多かれ少なかれイギリスが彼らを支援していたのでした。会議を象徴する人物が、オーストリア人の宰相メッテルニヒです。

一八四八年の民衆的な革命運動はことごとく敗北しました。ナポレオンの甥がフランスの共和制を廃止し、帝政を復活させました。それがナポレオン三世です。とくに抑圧の犠牲になったのがポーランド国民でした。ポーランド国民は一八三一年に蜂起したものの、一八六三年にロシアによって鎮圧されました。

一八六七年、オーストリアはハンガリーに妥協《アウスグライヒ》しましたが、それは二重君主制による他民族支配をめざしたものでした〔オーストリア皇帝がハンガリー国王を兼ねることで両国が連邦を形成し、多民族国家である帝国を協力して維持しようとした」。オーストリア人とハンガリー人のあいだでは「なんじの群れを手放すな、われらはわれらの群れを手放さない」とささやかれましたが、「群れ」とはポーランド、スロヴァキア、ルーマニア、スロヴェニア、クロアチアのことでした。

ヨーロッパが世界を植民地化する――ヨーロッパ‐世界

十六世紀以降、ヨーロッパ諸国――フランス、イギリス、スペイン、ポルトガル、オランダ――が他の大陸、とくにアメリカと極東アジアに領土を獲得しました。ロシアは南(ウクライナの征服)、東方、アジア(シベリアの征服)に向かい、はじめて帝国を形成しました。帝政ロシアは十九世紀にはアジアに拡張します。ロシアは他のヨーロッパの帝国とくらべて独自でした。地続きの広大な帝国は、ヨーロッパとアジアの境界を消失させ、ムスリムが多く住む中央アジアを包摂しました。シベリアは信念ゆえに逮捕された政治犯たちの流刑と強制労働の地になりました。

十八世紀末から十九世紀初頭にかけて、アメリカ全土がヨーロッパ――イギリス、

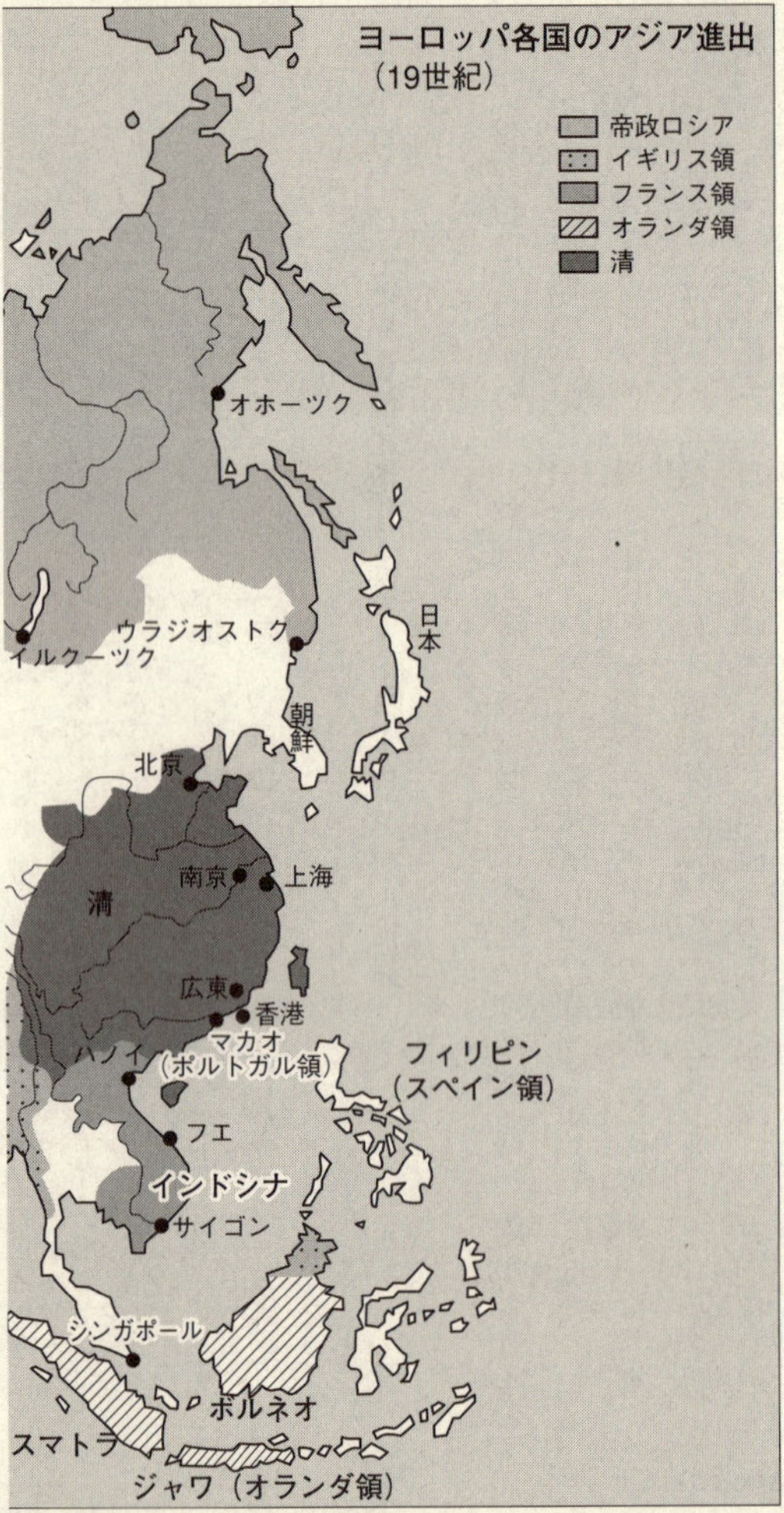
ヨーロッパ各国のアジア進出
（19世紀）
帝政ロシア
イギリス領
フランス領
オランダ領
清
オホーツク
日本
ウラジオストク
イルクーツク
朝鮮
北京
南京
上海
清
広東
香港
マカオ
（ポルトガル領）
フィリピン
（スペイン領）
ハノイ
フエ
インドシナ
サイゴン
シンガポール
ボルネオ
スマトラ
ジャワ（オランダ領）

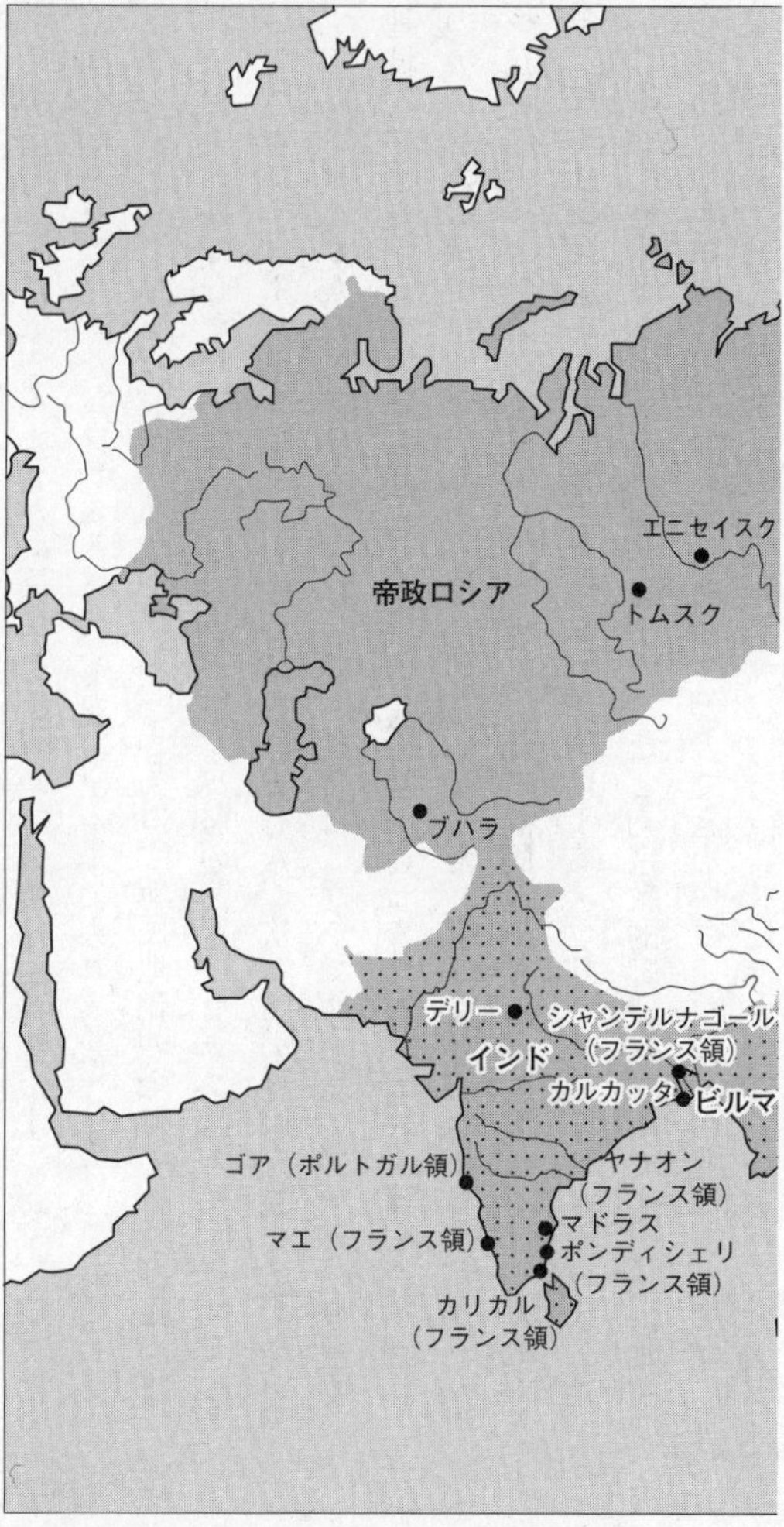

帝政ロシア
エニセイスク
トムスク
ブハラ
デリー
インド
シャンデルナゴール
(フランス領)
カルカッタ
ビルマ
ゴア（ポルトガル領）
ヤナオン
(フランス領)
マドラス
ポンディシェリ
(フランス領)
マエ（フランス領）
カリカル
(フランス領)

フランス、スペイン、ポルトガル——から独立しました（例外はアンティル諸島）。これが最初の大きな脱植民地化でした。

しかし十九世紀、フランス、イギリス、ロシア、ついで統一後のドイツとイタリア——この二国にはごく小さな分け前しか残っていませんでした——が、アジアに帝国をかちとりました（フランスはインドネシアを手に入れ、イギリスは一八七六年にヴィクトリア女王がインド女帝即位を宣言しました）。植民地化の企てのいちばんの犠牲はアフリカでした。アフリカは、ヨーロッパ勢のおもにフランスとイギリス、ついでベルギーとポルトガルによって分割されました。次々頁の地図を見てください。すでにアフリカ人のアフリカは存在していません。フランスが北アフリカの最重要地域、マグレブ〔チュニジア、アルジェリア、モロッコなど〕を獲得しました。黒人のアフリカはヨーロッパ人によって解体されました。保守主義のヨーロッパが一八一五年にウィーン会議を開催したように、この植民地主義のヨーロッパは一八七八年、ベルリン会議を開催し、ヨーロッパ諸国によるアフリカ分割を秩序づけました。

この植民地化は十字軍を連想させます。たとえ宗教的動機はなくても、植民地化もまた、十字軍同様、その影響を消すことのできないヨーロッパの犯罪なのです。

ヨーロッパ人は、健康や教育の分野ではなにがしかの福利をもたらしましたが、アフリカの経済的利益を自分たちだけで搾取しました。ヨーロッパ人は黒人の自由を奪い、さらに重大なことには黒人の尊厳とアイデンティティを奪いました。アフリカ人の子どもはフランスの教科書で勉強をつづけました。「わたしたちの祖先、ガリア人は……」、これは明らかにまちがいで、ばかげています。これらのアフリカの国々はいまでは独立国です。しかし、彼らの傷が完全にふさがったわけではありません。ヨーロッパは記憶し、こうした恥ずべき汚点がヨーロッパの歴史で二度とくりかえされないようにし、独立国になった旧植民地を経済的に搾取しつづけることをやめなければなりません。またヨーロッパは、旧植民者の方法を継いだアフリカの堕落した独裁政権への支持をやめるべきです。

アフリカにおける植民者と植民地化の歴史のなかで、ひとつの国が希望を体現しています。南アフリカです。ヨーロッパ人であるイギリス人、オランダ人がこの国をめぐって争い、つづいて黒人（人口の九〇パーセント）の上に見るもなげかわしい支配を確立しました。二十世紀に白人は、黒人を白人から分離して劣悪な状態に住まわせる隔離体制、アパルトヘイトをつくりあげます。黒人は白人と同じ交通機

ニス
チュニジア
トリポリ
地中海
カイロ
リビア
エジプト
ソマリア
海岸
フランス領
赤道アフリカ
ハルツーム
エリトリア
アングロ・
エジプト・
スーダン
イギリス領
ソマリランド
リア
アジス・アベバ
エチオピア
イタリア領
ソマリランド
カメルーン
ベルギー領
コンゴ
ウガンダ
ケニヤ
フリカ
ブラザヴィル
レオポルドヴィル
東アフリカ
ルアンダ
アンゴラ
北ローデシア
モザンビーク
アンタナナリボ
マダガスカル
南ローデシア
南西アフリカ
ベチュアナ
ランド
南アフリカ連邦

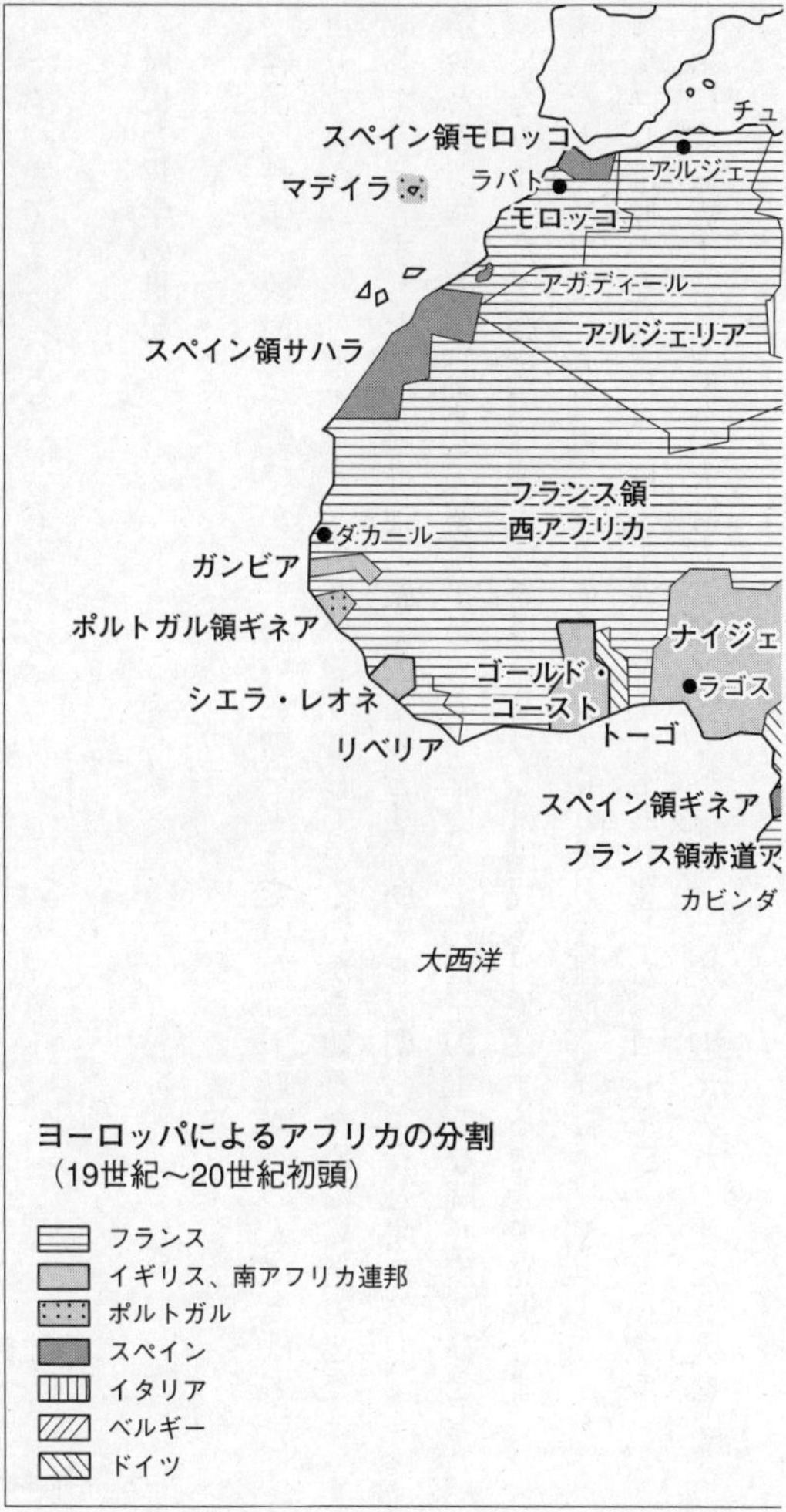
チュ
スペイン領モロッコ
アルジェ
マデイラ
ラバト
モロッコ
アガディール
アルジェリア
スペイン領サハラ
フランス領
西アフリカ
ダカール
ガンビア
ポルトガル領ギネア
ナイジェ
ゴールド・
コースト
ラゴス
シエラ・レオネ
トーゴ
リベリア
スペイン領ギネア
フランス領赤道ア
カビンダ
大西洋
ヨーロッパによるアフリカの分割
(19世紀〜20世紀初頭)
フランス
イギリス、南アフリカ連邦
ポルトガル
スペイン
イタリア
ベルギー
ドイツ

関を利用することも、同じ映画館、カフェに出入りすることもできませんでした。幸いなことに、黒人は闘って政治的平等を獲得しました。今日の共和国大統領は、南アフリカの永遠のヒーローであるネルソン・マンデラのあとを継いだ黒人のタボ・ムベキです〔二〇〇八年に辞職〕。

歴史と哲学の世紀

経済、科学、政治の分野でかつてない変動を生きていたヨーロッパの人びとは、自分たちがどこから来て、どこへ向かおうとしているのかを知るために、過去を支配しようとしました。史料批判、歴史叙述の方法、歴史を説明しようとする努力、学会と専門雑誌の創設などの蓄積があって、歴史が十九世紀の主要な関心事のひとつになりました。歴史の研究と考察は、しばしば国民を対象にすることで発展します。たとえばフランスではふたりの偉大な人物がそれを証明しました。ジュール・ミシュレは偉大な作家で、民主主義の闘士でもありました。コレージュ・ド・フランスに亡命ポーランド人の大詩人アダム・ミッキヴィッチを迎え入れ、また長大な

『フランス史』を執筆しました。一九〇〇年から一九一二年にかけてさらに民族主義色の強い『フランス史』を刊行したエルネスト・ラヴィスは、大衆、とくに学校教育に影響を与えました〔ラヴィスは小学校教科書を執筆した〕。

歴史の知識はヨーロッパの人びとにも、ヨーロッパの建設のためにも、非常に重要なものです。いかに未来を準備すべきかを知るためには、過去を知り、ヨーロッパのよき伝統を発展させ、ヨーロッパの人びとのおかした過ちと罪をくり返さないようにしなければなりません。また、愛国主義的な神話をでっちあげて歴史を操作することも避けねばなりません。歴史は担うべき重荷でも、暴力を正当化する危険な助言者でもありません。歴史は時代に真理をもたらし、進歩に役立つものであるべきなのです。

同じ理由で哲学も、人間とは、社会とは、歴史とは何かを理解しようとします。哲学の分野では、エマニュエル・フリードリヒ・カントからヘーゲルまで、ドイツ思想が格別の威光を放ちました。

美術や文学では一国の威光、あるいは運動が、ヨーロッパじゅうへ伝播しそれが継続することがあります。十九世紀末、レオン・トルストイとフョードル・ドストエフスキイのふたりの偉大な作家を擁するロシア小説の流行がそうでした。彼らの作品を読んでいなくても、トルストイの長編小説『戦争と平和』を題材にした美しいアメリカ映画をおそらく観たことがあるか、いつか観る機会があることでしょう。美術では印象派が開花しました。イギリス人のウィリアム・ターナー、フランス人のエドゥアール・マネ、クロード・モネ、エドガー・ドガ、オーギュスト・ルノワールなどの絵画を見たことがありますか。さらにモダン・スタイルあるいはアール・ヌーヴォーが登場し、二十世紀初頭にはキュビスム（フランス人のジョルジュ・ブラック、スペイン人のパブロ・ピカソ）、シュルレアリスム……とつづきます。機会があったら、ヨーロッパの大きな美術館を訪ねてください。パリのルーヴル美術館、ロンドンのナショナル・ギャラリー、マドリッドのプラド美術館、フィレンツェのウフィッツィ美術館、ウィーンの美術史美術館などです。中世以来、共通かつ多様なヨーロッパ美術があったことがわかるでしょう。

学校と大学

十九世紀、ヨーロッパはほとんどすべての子どもが読み書きを学び、学校に通う、最初の大陸になりました。フランスでは第三共和制が無償で無宗教の初等義務教育を実施し、以後、これが義務教育の規範になります。小学校教員はヨーロッパ社会で重要な役割を担いました。

高等教育も発展しました。すでに見たように、最古の大学は中世に誕生しましたが、その教育は近代化されました。科学と歴史が教えられるようになりました。近代的で水準の高い有名大学が、ウィルヘルム・フンボルトによって、ベルリンに設立されました〔ベルリン大学〕。しかし大学の多くは国際的ではなくなりました。教授や学生の大半が、大学のある国の出身者で占められるようになったからです。

学者と科学的進歩

科学は飛躍的に前進しました。以下が有名な例です。フランス人生理学者クロード・ベルナール（一八一三―七八）は実験医学の基礎を築き、肝臓が糖を生成することを発見しました。化学者で生物学者のフランス人ルイ・パストゥール（一八二二二―九五）は細菌と狂犬病ワクチンを発見し、生体に細菌が侵入するのを防ぐ殺菌法を考案して、医学、とくに外科を進化させました。イギリス人化学者で物理学者のマイケル・ファラデー（一七九一―一八六七）は、電磁気学と電気分解の分野で重要な発見をしました。ドイツ人のマックス・プランク（一八六七―一九四七）は一九〇〇年、近代物理学に基づく量子論を定式化しました。デンマーク人のニールス・ボーア（ネルス・ボア、一八八五―一九六二）は早くも一九一三年に、原子の主要な特性を見つけました。フランス人のアンリ・ベクレル（一八五二―一九〇八）、ピエール・キュリー（一八五九―一九〇六）と妻のポーランド人マリー・キュリー（一八六七―一九三四）は一九〇〇年頃、放射線を発見しました。このころ、神経病理学者で精神科医のジークムント・フロイト（一八五六―一九三九）が精神分析を創始しました。

こうした同時代の学者はたがいに交流し、自分たちの仕事と発見を伝えあって、さらに前へ進むためにたがいに支えあいました。科学をめぐるヨーロッパのネットワークがあったのです。

イデオロギーがヨーロッパを分割する

十九世紀のヨーロッパは、多くの男女を行動に駆り立てて自分たちの考えを社会のなかで実現しようとする哲学、経済学、政治学の理論の出現も経験しました。これがイデオロギーでした。それらのなかで最も重要なのが、自由主義、社会主義、マルクス主義です。

自由主義には二つの面があります。ひとつは政治における自由主義です。自由主義は独裁的な考え方の対極にあり、自由と寛容を賞賛し、ふつうは民主主義にいたります。それはヨーロッパの大部分の国で議会の普通選挙を成功させました。ただし女性には二十世紀まで、選挙権も被選挙権もありませんでした。もうひとつの面は経済における自由主義です。自由主義的経済とは、生産と交換や、市場の自由なはたらきをめぐる経済活動を、経済法則が調整するにまかせるものです。需要と供給の法則によって、商品の値段や給与の額が上下するにまかせるのです。自由主義は労働者を市場の法則の犠牲者にしました。労働者を銀行や企業、資産家の利益の犠牲にし、失業に直面させ、労働者の大部分を貧困と悲惨のなかに閉じ込めたのです。十九世紀、多くの工場労働者の家族の悲惨さは恐ろしいものでした。限度のない経済的自由主義のヨーロッパ、これもまた悪しきヨーロッパでした。

社会主義は政治的自由主義よりもさらに歩を進めて、経済的自由主義と闘いました。社会を社会的正義と平等に向けて進めようとしたのです。ドイツ人の哲学者で経済学者のカール・マルクス（一八一八―一八八三）によって定義されたマルクス主義は、社会主義の究極の形態です。マルクス主義は、物質的利益のための闘いと、社会的階級間、とりわけ労働者階級と資本家階級の闘争を、歴史的進化の法則であるとみなします。階級のない社会の達成をめざし、そのためには革命、そして労働者階級による独裁政権、すなわちプロレタリアート独裁が必然であると考えました。レーニンによって激化したマルクス主義は、一九一七年のロシア革命をへて政権を獲得しました。スターリンはソビエト連邦をマルクス主義の極端で野蛮きわまる活動空間にしてしまいました。ソビエト連邦は、国家と国家を体現する共産党が完全に支配する経済に立脚していたのです。結果はすでに知られているように、ソビエト連邦と共産主義の崩壊でした。

科学とイデオロギーの境界で、イギリス人のチャールズ・ダーウィン（一八〇九―一八八二）が動物種の進化論を確立しました。それは最も強いものが選ばれて生き残るということです。そして人間の祖先は猿にまでさかのぼることになりました。進化論の根拠が科学的と認められるとしても、ダーウィンの見解のいくつかは、今日強く批判されています。

最悪だったのは、いくつかのイデオロギーが科学という仮面をかぶったことです。たとえば人種主義、あるいは反ユダヤ主義は、ヨーロッパの「内部に巣食う古い悪魔」の近代における再来でした。

いまわたしたちは、イデオロギーの不合理で急進的な性格を排除しなければなりません。イデオロギーを理想的なもの、すなわち達成すべき、目的に掲げるべき、よきものの規範に変えなければなりません。イデオロギー闘争の急進性を、平和的で率直で寛容な思考にもとづく論争に変えるべきなのです。ヨーロッパは大いなる平和的対話の場にならなければならないのです。

経済分野は国と個人の繁栄にとって、そしてヨーロッパの人びとの生活レベルにとって、とても重要です。だから、必要かつ有益な自由を尊重する市場経済と、国家による管理とを組み合わせるべきです。市場経済は社会の不平等と不正を助長する傾向があるため、国家による節度ある管理によって適正化されることも必要なのです。

労働問題とスポーツ

もっと明るい調子で終わらせましょう。

十九世紀にヨーロッパでは、労働者が自分たちの権利を守る組織である組合と、工場労働者を保護するための法律が誕生しました。一八七五年、イギリスで労働組合《トレード・ユニオン》（同一職種の職人・労働者からなる組合）が認められました。フランスでは一八六四年にはすでに、ストライキを認める法律ができ、一八八四年には結社の自由が法制化されました。社会保障のシステムは一八八〇年から一八八五年にドイツで採用されました。フランスでは一八九五年に組合が労働総同盟（ＣＧＴ）に再編され、一九〇六年には労働省が設立されました。社会主義の影響の下、一八六四年、さまざまな組合と政治組織を束ねる機関がロンドンに設立されます。これが第一インターナショナルで、一八九八年にはパリで再結成されました（第二インターナショナル）[9]。組合とインターナショナルは労働者を守るだけでなく、法によってであれ暴力によってであれ、社会をもっと平等で正しい方向へと変革することをめざしました。一八八八年にリールのメーデーで初めて歌われた労働歌「インターナショナル」はそれを表現しています。

ヨーロッパでは個人スポーツと団体スポーツが再生しました。古代ギリシアではスポーツはあれほど重要だったのに、中世が肉体を悪しきものと見なしたため、スポーツは競技場とともに消滅していたのです。最初、スポーツは貴族のものでしたが、すこしずつ大衆化され、ある種のスポーツは大衆スポーツになっていきました。やがてヨーロッパ各国対抗の競技が始まり、スポーツは国内とヨーロッパ全体で同時に発展しました。スポーツが組織化される以前にも、十八世紀末から体操がとくにドイツで行われるようになり、またスウェーデン人のペール・ヘンリック・リング（一七七六—一八三九）が大きな影響を与えて、その方式《メソッド》はスウェーデン体操とよばれました。一八二三年、イギリスのパブリック・スクール、ラグビー校のある学生がサッカーの試合中、ボールをわきにはさんで走りだしました。新しいスポーツ競技ラグビーが生まれた瞬間です。しかし一八七一年までルール化されませんでした。フランスでは一八五三年に最古のスポーツの協会であるボート協会が設立されました。それから二つの大きなクラブ、「フランスレーシングクラブ」が一八八二年に、「スタッド」（スタジアム競技）が一八八三年に創設されました。一九〇八年にはスポーツの国家委員会が設立されました。

こうした動きは、ピエール・クーベルタンが再興を推進し、一八九六年に実現したオリンピックによって完成をみました。

（9）マルクス主義者と共産主義者による第三インターナショナルは一九一九年、レーニンによりモスクワで結成されました。

二十世紀、悲劇から希望へ

二十世紀についてはもっと手短に話しましょう。この時代はみなさんから遠くないので、新聞や本やテレビで学ぶことができるし、ご両親やおじいさん・おばあさんが話すのを耳にすることもあるでしょう。

わたしはささやかな本書の目的にかかわる本質的なことだけを話すつもりです。すなわち、何がヨーロッパの人びとを近づけ、何が遠ざけたのか。歴史はヨーロッパの人びとに統一の準備をさせたのか、あるいは分裂の準備をさせたのか。

この点で、二十世紀はじつにドラマと陰影に富んでいます。

ヨーロッパは殺し合い、地獄に堕ちた

ヨーロッパの大地は二度、未曾有の破壊と犠牲を生んだ世界大戦の主戦場となりました。最初が一九一四年から一九一八年の第一次世界大戦で、フランス、イギリス、ベルギー、イタリア（一九一五年以降）、ロシア――一九一七年の革命後、同盟と戦争継続を放棄――と、ドイツ、オーストリア＝ハンガリーが戦い、後者が敗北しました。戦争はひじょうに恐ろしい記憶を残したので、多くのヨーロッパ人がこれを最後の戦争にしなければならないと言いました。

ところが二〇年後、アドルフ・ヒトラーのドイツが、オーストリアとチェコスロヴァキアを併合し、ポーランドに侵攻しました。イギリスとフランスはドイツに宣

戦布告、ベニート・ムッソリーニの率いるイタリアがドイツを支持し、民主主義陣営対ナチ（国家社会主義）独裁制とファシスト（体制のシンボルである「束《ファッショ》」に由来）陣営の戦いになりました。ドイツはオランダとベルギー、さらにデンマークとノルウェーに侵攻し、フランスを降伏させました。ヒトラーのドイツと、セルビアおよびギリシアを攻撃した同盟国イタリアの両軍は、ほとんど全ヨーロッパを占領しました。占領されなかったのは、勇敢に抵抗していたイギリス、中立国であったスウェーデンとスイス、ドイツの友好国で参戦しなかったスペインとポルトガルだけでした。ヒトラーは、ドイツとナチズムがヨーロッパを支配することを望んでいました。それはかつて企てられたヨーロッパ統一の試みのなかでも、最悪のものでした。

ロシアのあとを受けたソビエト連邦は、一九三九年、ドイツの開戦を認め、かつポーランドを分割する条約をドイツと締結しましたが、最後には西洋民主主義の陣営の一員として対ドイツ戦に参戦しました。

アメリカ合衆国の強力な援軍があり、イタリア、ついでドイツがついに敗北しました。

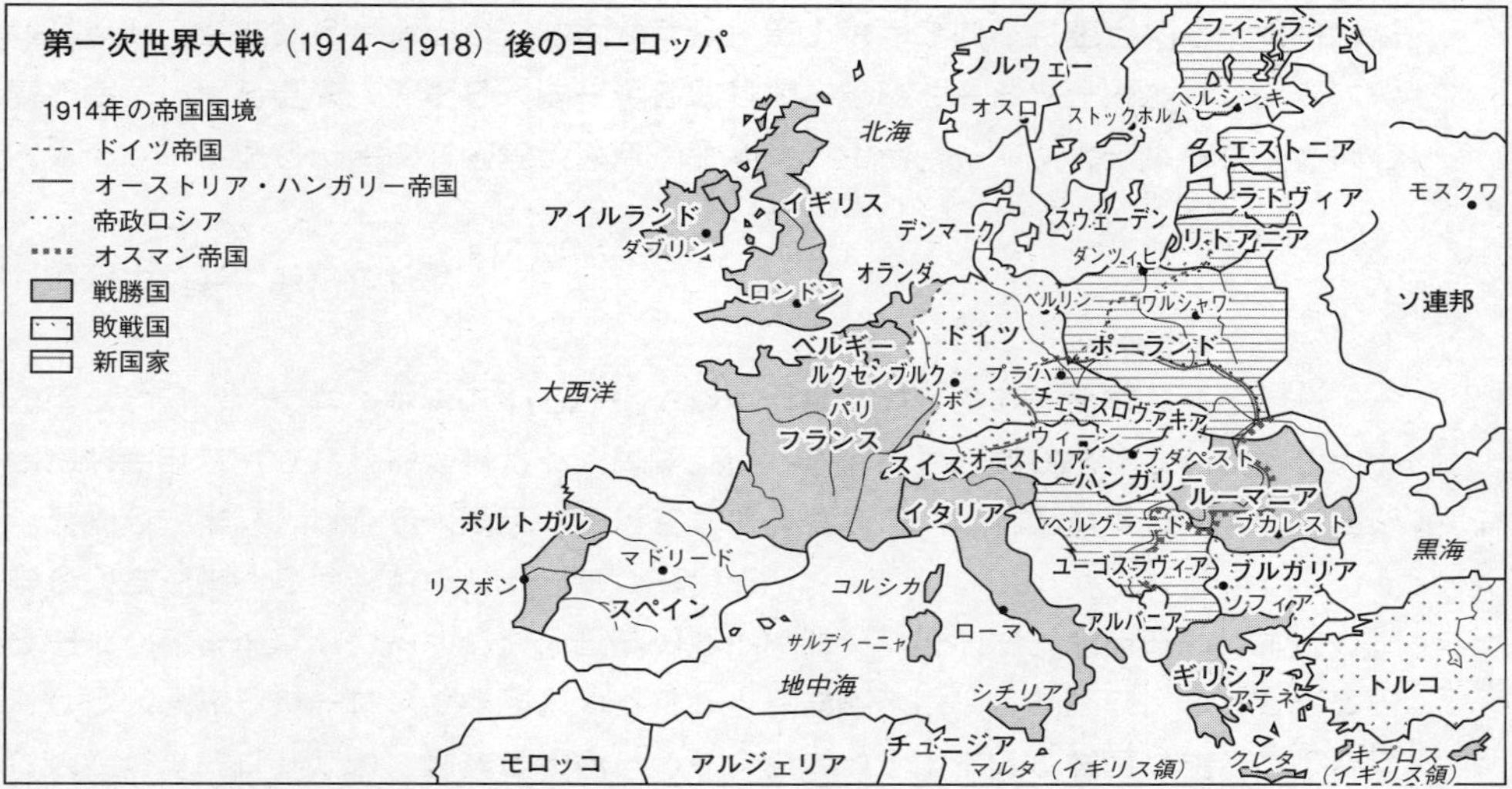
第一次世界大戦（1914～1918）後のヨーロッパ
1914年の帝国国境
ドイツ帝国
オーストリア・ハンガリー帝国
帝政ロシア
オスマン帝国
戦勝国
敗戦国
新国家
フィンランド
ノルウェー
ヘルシンキ
オスロ
ストックホルム
北海
エストニア
イギリス
スウェーデン
ラトヴィア
モスクワ
アイルランド
デンマーク
リトアニア
ダブリン
ダンツィヒ
オランダ
ロンドン
ベルリン
ワルシャワ
ソ連邦
ドイツ
ベルギー
ポーランド
ルクセンブルク
プラハ
大西洋
ボン
パリ
チェコスロヴァキア
ウィーン
フランス
ブダペスト
スイス
オーストリア
ハンガリー
ルーマニア
ポルトガル
イタリア
ベルグラード
ブカレスト
黒海
マドリード
ユーゴスラヴィア
ブルガリア
リスボン
コルシカ
ソフィア
スペイン
ローマ
アルバニア
サルディーニャ
地中海
ギリシア
トルコ
シチリア
アテネ
チュニジア
モロッコ
アルジェリア
マルタ（イギリス領）
クレタ
キプロス
（イギリス領）

この恐ろしい二つの大戦がそれぞれあとに残したのは、数百万の死者を嘆く廃墟になったヨーロッパと、国境の激変でした。前頁と一三一頁の地図を見てください。二つの大戦後のヨーロッパ地図、とくに第一次世界大戦後の地図は、いくつかの国の正当な要求を満たしましたが、国境をめぐる新たな不公正も生み出し、将来の紛争の火種が重くのしかかることとなりました。

戦争の恐怖は、二つの大戦間と第二次世界大戦後に、怪物的な政治・社会体制が犯した犯罪によって高まりました。軍隊、とくに警察が、血に染まった独裁者とその協力者に命じられるままにその手先となり、殺人と人権侵害を行ったのです。

記憶しなければならない

ヒトラー体制のドイツは強制収容所を張りめぐらし、ドイツ人とヨーロッパ人の政治犯、そして順次、ナチの人種主義の犠牲者であるポーランド人、ロマ、なによりユダヤ人が無実のままそこに移送されて、おぞましい環境に閉じ込められました。

フランスでは、フィリップ・ペタン元帥指揮下のいまわしいヴィシー政権の協力

ヤ人の移送が行われました。一九四二—四三年以降、ナチは人種ゆえに逮捕された囚人、とくにすべてのユダヤ人の絶滅を決定しました。これがナチが〈最終的解決〉と呼んだものです。ユダヤ人の民族大虐殺、「ショアー」であり[10]、逃れた者はごくわずかでした。

　この犯罪を記憶してください。記憶なしにはよきヨーロッパはないでしょう。ヨーロッパの犯罪の記憶のなかでも、ショアーはもっとも恐ろしいものでした。

　第二次世界大戦以前にも、もうひとりの怪物的な独裁者ヨシフ・スターリンに支配された共産主義体制が、人間の自由と尊厳、その権利を侵害する犯罪を実行していました。でっちあげられた判決、移送、ポーランド人や他の民族の大量虐殺です。ナチの強制収容所と悲しき対《つい》をなすソビエトのシベリアの収容所「ラーゲリ」もまた、劣悪な状態で強制労働に従事させられた流刑囚でいっぱいでした。多くの人が亡くなりました。このラーゲリについても記憶してください。かつてそこに捕らわれていたロシア人作家アレクサンドル・ソルジェニーツィンが作品に描いています。

　独裁制の恐怖の程度は多少ましだったものの、人権はファシストのイタリア、一九三九年以降フランコに支配されたスペイン、サラザール治下のポルトガル、「コロネル（大佐）たち」に支配されたギリシアなどでも長期間にわたってふみにじられました。こうした独裁国家下の抑圧もまた忘れてはなりません。

ソビエト連邦と西洋の民主主義陣営は同盟して勝利を獲得したにもかかわらず、まもなく対立するようになります。ソビエト連邦はポーランド、東ドイツ、チェコスロヴァキア、ハンガリー、ルーマニア、ブルガリア、ユーゴスラヴィア、アルバニアに共産主義体制を導入し、軍事的にこれらの国の大部分を占領しました。この新たな帝国と西欧のあいだに、ソビエトは鉄条網と監視塔（ベルリンには壁）を建設して、東側の人びとが西側に来られないようにしました。これが「鉄のカーテン」であり、ヨーロッパにおける「冷戦」（アメリカ合衆国も参加）でした。

一九八〇年代末、ソビエトの共産主義は生活を支えるための経済を維持できず、また警察力の行き過ぎによって衰退し、崩壊しました。ソビエトに隷属させられていた中央ヨーロッパと東ヨーロッパの国々はふたたび独立と自由を取り戻し、ベルリンの壁は壊され、二つに分割されていたドイツは再統一しました。ソビエト連邦自体は分裂して消滅しました。ロシアと独立国家の数々が出現、あるいは再出現します。新しいヨーロッパ地図がつくられました（一三二―一三三頁）。

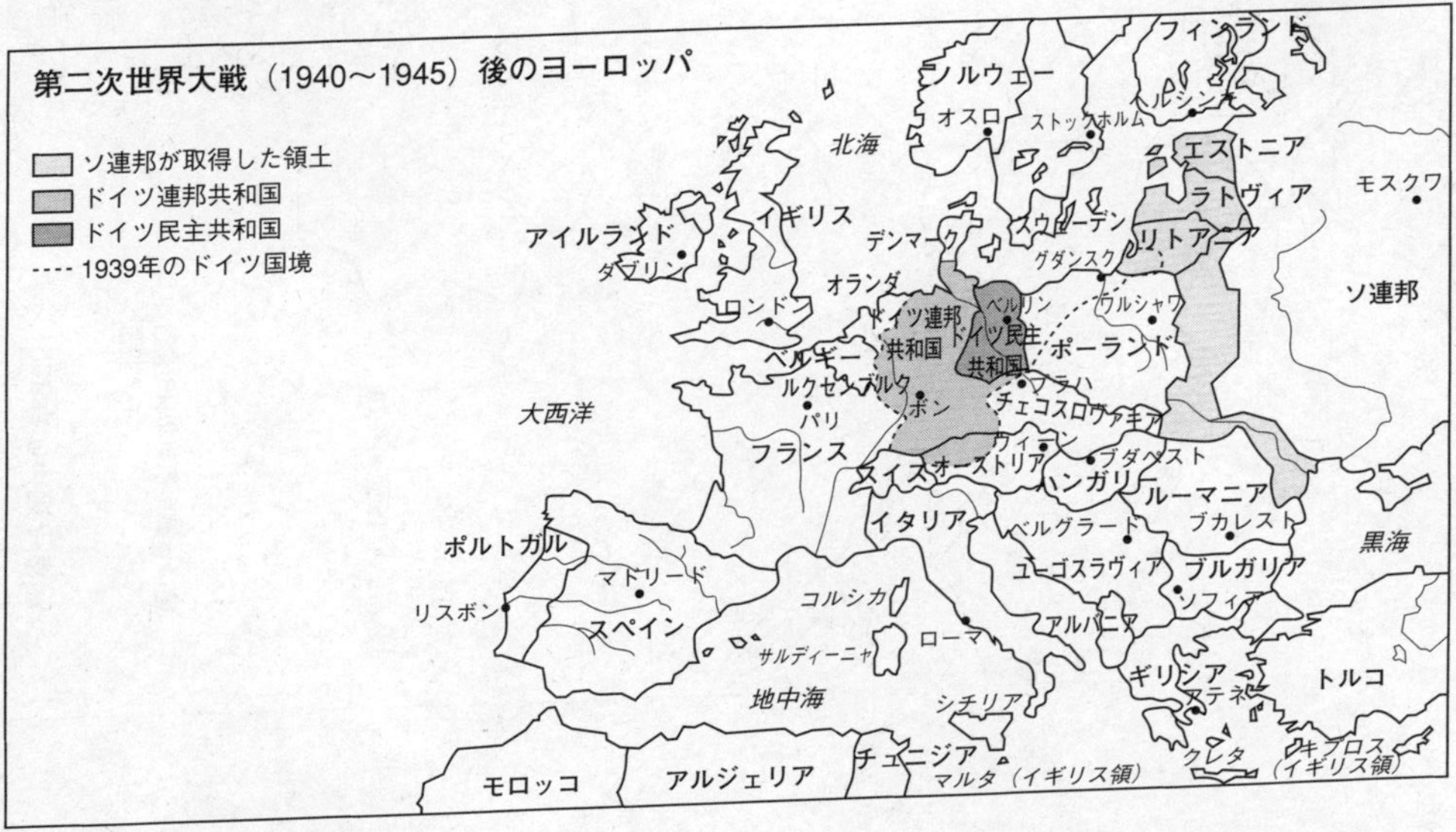
第二次世界大戦（1940〜1945）後のヨーロッパ
ソ連邦が取得した領土
ドイツ連邦共和国
ドイツ民主共和国
1939年のドイツ国境
フィンランド
ノルウェー
ヘルシンキ
オスロ
ストックホルム
北海
エストニア
モスクワ
ラトヴィア
イギリス
スウェーデン
アイルランド
デンマーク
リトアニア
ダブリン
グダンスク
オランダ
ソ連邦
ベルリン
ワルシャワ
ロンドン
ドイツ連邦共和国
ドイツ民主共和国
ポーランド
ベルギー
ルクセンブルク
プラハ
大西洋
ボン
パリ
チェコスロヴァキア
ウィーン
フランス
ブダペスト
スイス
オーストリア
ハンガリー
ルーマニア
イタリア
ベルグラード
ブカレスト
黒海
ポルトガル
ユーゴスラヴィア
ブルガリア
マドリード
コルシカ
ソフィア
リスボン
ローマ
アルバニア
スペイン
サルディーニャ
ギリシア
トルコ
地中海
シチリア
アテネ
チュニジア
クレタ
キプロス（イギリス領）
モロッコ
アルジェリア
マルタ（イギリス領）

1996年の中欧と東欧
EU
EUに加盟申請中の国
タリン
エストニア
リガ
ラトヴィア
モスクワ
リトアニア
ロシア連邦
ヴィリニュス
ミンスク
ベラルーシ
キエフ
ウクライナ
モルダヴィア
ルーマニア
黒海
ブカレスト
ソフィア
ブルガリア

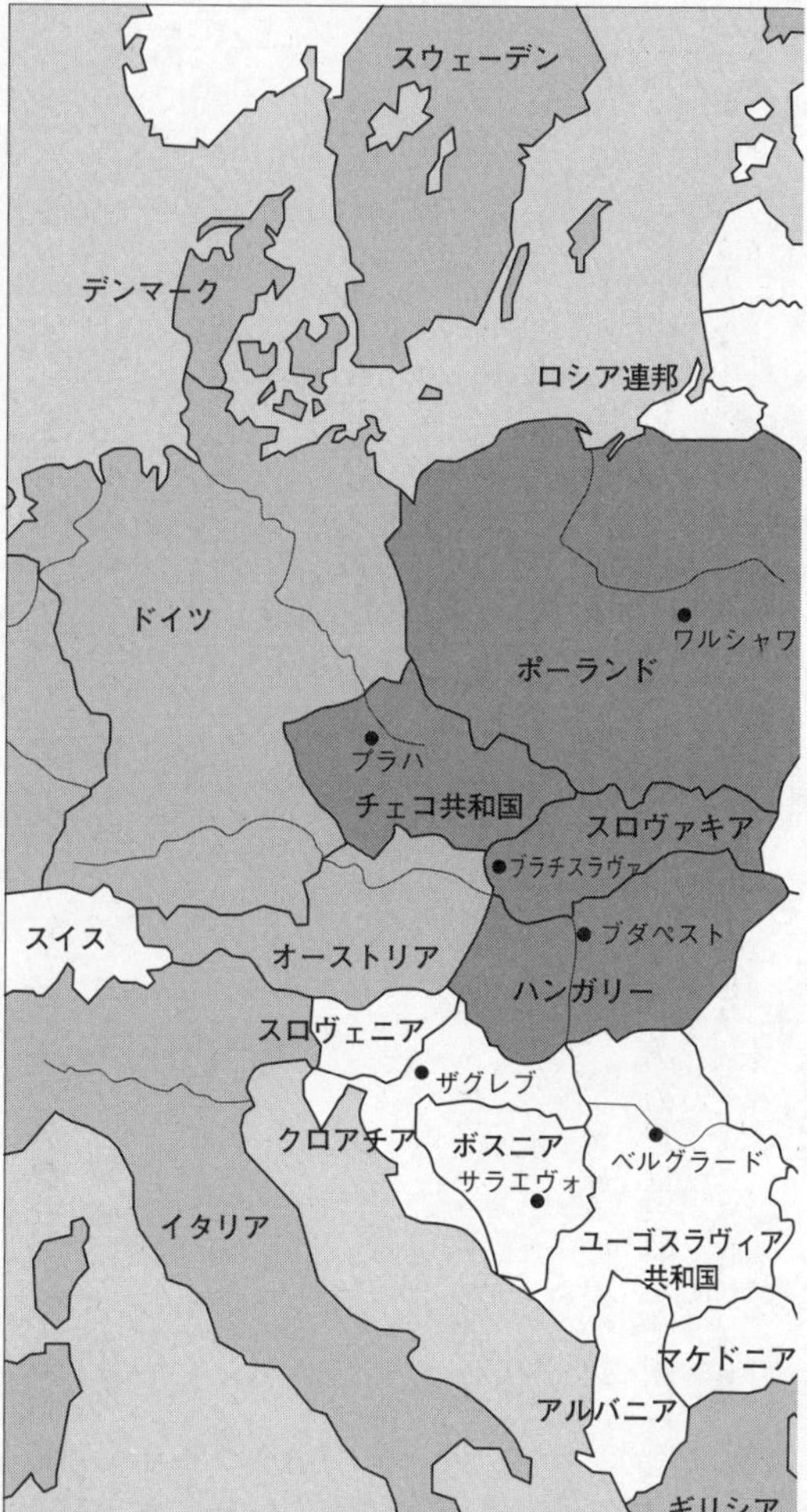
スウェーデン
デンマーク
ロシア連邦
ドイツ
ワルシャワ
ポーランド
プラハ
チェコ共和国
スロヴァキア
ブラチスラヴァ
スイス
ブダペスト
オーストリア
ハンガリー
スロヴェニア
ザグレブ
クロアチア
ボスニア
サラエヴォ
ベルグラード
イタリア
ユーゴスラヴィア
共和国
マケドニア
アルバニア
ギリシア

この地図は暫定的なままで、民族紛争の脅威が重くのしかかっています。長年にわたり、オーストリア＝ハンガリー帝国、そしてとくにロシアとソビエトの帝国によって国と民族が抑圧されていたためです。最も緊迫した地域はつねに旧ユーゴスラヴィアであり、ナショナリズムによって勢いづいた民族同士の残酷な紛争の舞台になっています。ナショナリズムは公正な面よりも悪しき面のほうが強いことが多いのです。

(10)　六六頁参照。

ヨーロッパはもはや世界を支配していない

ヨーロッパ人がネイティヴ・アメリカンを追いやってつくった国が、十九世紀半ばから、とどまることなく次第に強大になりました。アメリカ合衆国です。二つの大戦後、ヨーロッパの主要国、ドイツ、イギリス、フランスはアメリカに追い抜かれました。そして日本もまた、第二次世界大戦で敗北したものの、世界的な強国になりました。巨大な中国が目覚めつつあります。地理的広大さとその人口ゆえに亜大陸とよばれるインドも、おそらくいつかヨーロッパを代表する国々よりも強大になるでしょう。技術、科学、研究の分野でも、裕福なアメリカがヨーロッパを追い越しました。フランスとイギリスは原子爆弾を保有し、ロシアはなおも大型爆弾を大量に保持していますが、ロシア自体は脆弱になりました。いまや原子力の軍事利用の分野での唯一の強国はアメリカです。しかし原子力は平和的エネルギーとして以外は利用されるべきではないのです。

ヨーロッパ人による支配が終焉したプラスの面は、脱植民地化です。地球上にもはやヨーロッパの被植民地民はほとんどいません。ヨーロッパの人びともまた植民地という重荷から解放されました。ヨーロッパ人が自分たちの間に、また世界に、その平和的影響力によって繁栄、正義、文明化の意志を行きわたらせようとするとき、もはや植民地を有しているというハンディキャップを負っていません。

ところで、新たなる諸大国を前にして、個々のヨーロッパ諸国は何をすべきでしょうか。それは結束すること、ひとつの大きな統一ヨーロッパを形成することです。そうすればヨーロッパは、アメリカ合衆国、日本、やがて大国になるであろう国々と同じくらい強くなれます。そしてみずからの独立、自由、伝統、独自性、未来を守ることができるでしょう。ヨーロッパは自らを閉じてはなりません。ヨーロッパは他国にたいして、たとえばアメリカの衣服や飲料、日本の自動車を拒否してはなりません。しかしヨーロッパは自分たちの生産物——ワイン、ビール、パスタなど——や、とくに映画、テレビ番組、文学、生活様式を平和のうちに防衛しなければなりません。アメリカ化、日本化に呑み込まれてはならないのです。中欧や東欧のヨーロッパ人、そしてロシア人自身が、完全にソビエト化されることは免れたのです。そしてヨーロッパ人はとにかくひとつにまとまるための切り札をもっています。ご存じのように、フランス、ドイツ間のほとんどたえまない紛争が何世紀にもわたってヨーロッパを揺るがしてきました。ところがシャルル・ド・ゴール将軍とコンラッド・アデナウアー首相のリーダーシップによって、フランスとドイツは和解しました。両国は友人になり、ひとつに結びついたパートナーになっています。これは全ヨーロッパにとって大きな切り札です。

一方で、二度の大戦によって引き起こされた災厄の教訓は、今度こそ理解されたと思われます。人びとはヨーロッパに平和を望んでいるのです。そして、最後の大事な切り札は、ヨーロッパにはすでに政治的独裁制が存在しないことです。すべての国が民主制であり、法と市民の権利を尊重し、いかなる拘束もなく普通選挙によって選ばれた議会をもっています。また、大多数のヨーロッパ人は、これまでに見てきたように、彼らを抑圧したものを完全に消滅させなければならないことを、そして、ヨーロッパ人が何世紀もまえから共有してきたすべてのものを活用していかなければならないことに十分に気づいています。

EU（欧州連合）への歩み　略年表

一九二九　先駆者であるフランス外相アリスティード・ブリアンがジュネーヴの国際連盟の会議で、「ヨーロッパ合衆国」を提唱。

一九四八　西ヨーロッパの国々でヨーロッパ経済協力機構（OEEC）が発足。

一九五一　フランス、ドイツ、イタリア、ベルギー、オランダ、ルクセンブルクの六か国によるヨーロッパ石炭鉄鋼共同体を創設するパリ条約が調印され、フランス人ジャン・モネを総裁にルクセンブルクで発足。

一九五七　ヨーロッパ経済共同体およびヨーロッパ原子力共同体の設立に向けた

ローマ条約に六か国で調印。

〔一九六七　ヨーロッパ共同体（EC）が成立。〕

一九七三　イギリス、アイルランド、デンマークがヨーロッパ経済共同体に加盟、ECは九か国に拡大。

一九七九　ヨーロッパの通貨を共通にする欧州通貨制度（EMS）が発足。

一九八一　ギリシアが一〇番目の加盟国になる。

一九八六　スペインとポルトガルが加盟し、ECは一二か国に。さらに強固な結束をめざす新条約、単一ヨーロッパ議定書に調印。

一九九二　ヨーロッパの単一通貨を見越したECの強化にかんする条約にマーストリヒトで調印。EU発足。

一九九四　オーストリア、フィンランド、スウェーデンの加盟を承認。一五か国に。

ヨーロッパの首都は、全加盟国の閣僚で構成するEU理事会の置かれたブリュッセルと、選挙によって選ばれた常設のヨーロッパ議会の本会議場のあるストラスブールです。

一五か国から二七か国へ

一九九四年から今日（二〇〇七年）までに起きたヨーロッパの大事件は、ＥＵ加盟国の拡大です。二〇〇四年、中央ヨーロッパと東ヨーロッパの国が正式加盟しました。それはソビエト連邦の帝国から西側へと統合されたすべての国が、ＥＵへ移行したことを意味しています。すなわち、エストニア、ハンガリー、ラトヴィア、リトアニア、マルタ、ポーランド、スロヴァキア、スロヴェニア、チェコ、さらにキプロスのギリシア側（トルコ側は加盟が認められていません）の加盟です。この二五か国に二〇〇七年にはブルガリアとルーマニアが加わりました。二〇〇九年にはおそらくクロアチアが加盟するでしょう〔二〇〇九年現在、未加盟〕。その外に、ヨーロッパの東から中央アジアにまでひろがる、ロシアを中心にした独立国家共同体〔ＣＩＳ　二〇〇九年八月現在、正式加盟は一一か国〕と、スロヴェニアの東側国境に隣接する地域を残して、ヨーロッパはおそらく内部発展の長い道のりをたどるでし

2007年の中欧と東欧
EU
タリン
エストニア
リガ
ラトヴィア
リトアニア
ヴィリニュス
ミンスク
ベラルーシ
モスクワ
ロシア連邦
キエフ
ウクライナ
モルダヴィア
ルーマニア
ブカレスト
黒海
ソフィア
ブルガリア

スウェーデン
デンマーク
ロシア連邦
ドイツ
ワルシャワ
ポーランド
プラハ
チェコ共和国
スロヴァキア
ブラチスラヴァ
スイス
ブダペスト
オーストリア
ハンガリー
スロヴェニア
ザグレブ
クロアチア
ボスニア
サラエヴォ
ベルグラード
セルビア
イタリア
モンテネグロ
マケドニア
アルバニア
ギリシア

ょう。ド・ゴール将軍の言葉「ヨーロッパは大西洋からウラルまで」は過去のものとなりました。

急速に、あるいはゆっくりと？

もうひとつの大事件は、二〇〇五年、フランスとオランダが、欧州のための憲法を制定する条約〔欧州憲法条約〕の批准を、国民投票で拒否したことでした〔発効には全加盟国の批准を要するため、二〇〇七年、本条約は断念された〕。人びとはこの条約が長大で複雑で、とりわけ社会問題に十分な注意をはらっていないと非難しました。わたしはこの条約は批准されるに足るだけの柔軟性があったと思います。批准否決という失敗は、残念ではありますが、理解できます。わたしはヨーロッパのさらなる統一を支持しますが、多くのヨーロッパ人が疑問を感じていることは理解できます。ヨーロッパについて異なる意見をもつ人びとを尊重しなければなりません。もっと社会福祉を重視して、人を大切にし、困難な状態にある人に配慮するようなヨーロッパを期待する声には、とくに耳を傾けるべきです。

多くの市民が執着するEUの加盟各国の独立と、多かれ少なかれ連邦制のもと（ただし、アメリカ合衆国の連邦制とは異なります。わたしたちの尊重すべき伝統はアメリカ合衆国とは異なっているのです）、ヨーロッパが実際にひとつの声、ひとつの歩みとして語り、決定し、進むことを可能にする超国家的権力とのあいだで、バランスをとらなければなりません。

過去のばらばらのヨーロッパから未来の統一されたヨーロッパへの移行というような大きな変化の時には、歴史はなおさらゆっくり進むということを認識する必要があります。

統一されたヨーロッパはすでに驚くべき進歩を実現しました。ヨーロッパ人同士が戦争をすることはもうないでしょう。民主主義はいきわたり、死刑は廃止され、加盟国間に国境のない空間――シェンゲン領域（シェンゲンは一九八五年に最初の条約が調印されたルクセンブルクの村）――には二〇〇八年現在、二五か国が加盟しています。ブリュッセルの欧州委員会は少しずつですが、前進しています。ヨーロッパとは長い忍耐なのです。それでもヨーロッパの建設には、いっそうのダイナミズムをとりもどしてほしいものです。ヨーロッパのためにもっと真摯に働くよう、政府と政治家に求めるべきです。イギリス人がもっとヨーロッパ人になるよう助けること――ヨーロッパにはイギリスのもっと積極的な参加が必要なのです。とにかく、自分たちのことなのに引っ込み思案で縮こまり、前へ進むのを怖がるような生ぬるい人びとの真似だけはしないでください。欧州懐疑論者とよばれる人びとがその懐疑主義を捨て去るのを、助けなければなりません。

どんなヨーロッパ？

人口、経済力、文化的影響力についてEUの大きな目的のひとつは、他の世界規模の集合体とつりあいをとることです。二十一世紀、人類はいわゆるグローバリズムによって、世界中で強者の支配を受ける状態にあります。

現在、統一されたヨーロッパは四三〇万平方キロメートルの面積と四億九〇〇〇万の住民を有します。他の大国とくらべてみると、合衆国は九六四万平方キロメートルの面積に二億九九〇〇万人、中国は九五八万平方キロメートルに一三億一一〇〇万人、インドは三三〇万平方キロメートルに一一億二二〇〇万人です。これには経済力対軍事力の比較を加えるべきでしょう。これらの分野での超大国はアメリカ合衆国であり、中国とインドが成長しています。一方ヨーロッパは原材料の不足に悩みながらも非常に産業化されており、堅固な基盤をもつ経済の伝統があります。

おそらく、統一されたヨーロッパの優先目標は、共通のエネルギー政策や環境保護と並んで、共通経済政策の実現でしょう。とくにヨーロッパ共通の銀行の支配をさけるべきです。ヨーロッパ共通の銀行はヨーロッパに役立つべきものであって、ヨーロッパを統治すべきではないのです。いずれにせよ、単一通貨ユーロはひとつの進歩です。中世において、通貨が多様で、たえず両替に頼っていたことが、ヨーロッパの経済発展にブレーキをかけました。しかしEUの全加盟国が自国の通貨としてユーロを導入したわけではありません。二〇〇七年現在、ドイツ、オーストリア、ベルギー、スペイン、フィンランド、フランス、ギリシア、アイルランド、イタリア、ルクセンブルク、オランダ、ポルトガル、スロヴェニア、マルタ、キプロスの一五か国だけがユーロを採用しています〔二〇〇九年、スロヴァキアがユーロを導入したため、一六か国で採用〕。ユーロはこれらの国々に、困難よりは改善をもたらしたと思います。

トルコのEU加盟の可能性については、ヨーロッパ人の意見は非常に割れていま す。みなさんも自身の意見をもつよう努めてください。わたしは地理的にも歴史的にも、トルコの政治的現状(とくにクルド人支配)からしても、近い未来の加入は正当化できないという意見です。しかしながら宗教的理由は重視すべきではありません。ヨーロッパでは政教分離が原則であり、トルコはチュニジアとともにイスラム国のなかで最も政教分離の進んだ国です。むしろトルコにかんしては地理的、人口統計学的な重圧を考慮すべきであり、またEUに加盟した文句のつけようもなくヨーロッパである国々にかんしてさえ、加盟国拡大はすこし性急すぎたということを思いだすべきです。アンバランスから生じる危険はトルコの面積と人口から来ています。七七万六〇〇〇平方キロメートルに七四〇〇万人が暮らしています。トルコのありうるであろうヨーロッパ加盟は、再検討をはじめる前に時間をおくべきです。トルコの加盟は不可欠なものではありませんが不可能でもないのです。

大ヨーロッパは窓のない家であってはならず、開発のためでなく、対話し支援するために、南半球に、第三世界に、そして全世界に開かれていることが大切です。

さらに、ヨーロッパは経済、金銭、ビジネス、物理的利益だけに支配されるべきではありません。文化と文明のヨーロッパであるべきです。それがいつの時代もヨーロッパの最善の切り札であり、いちばん尊い遺産なのです。思い出してください、ギリシア＝ローマ、キリスト教、ユマニスム、バロック、啓蒙時代などを。

人権――ヨーロッパがつくり出したものです――、女性の権利、子どもの権利を大切にするヨーロッパであるべきです。不平等、失業、排除――ヨーロッパの人々がいっしょになってはじめて、なくすことができる悪――と闘う、もっと公正なヨーロッパ。人間と生きものと自然のバランスを大切にすることに、いっそう気をくばるヨーロッパ。

よき美しきひとつのヨーロッパの実現は、みなさんの世代に託された大プロジェクトだと思います。人間には、とくに若いときには、理想となり情熱を注ぐべき大きな目標が必要です。ヨーロッパの建設に情熱を傾けてください、その価値はあります。その実現にみなさんが力を貸してくれるのなら、たとえ試練と向き合わなくてはならなくなっても、ヨーロッパはむくいてくれるでしょう。努力なくして大きなことが成し遂げられることはありません。

どうか忘れないでください、記憶なしではよきことは起こりえないことを。歴史は公正な記憶をさしだすためにあり、そうした記憶こそが過去を通してみなさんの現在と未来を照らし出すのだということを。

子どもたちに語る中世

協力　ジャン＝ルイ・シュレゲル

両親に
アンカに
バルバラとトマに

若い人、かつて若かった人のためのまえがき

過去を知ることは、現在をもっとよく理解するためにも、わたしたちがどこで過去とつながり、どこで過去と隔たっているのかを知るためにも大切です。過去はそれぞれの時代の特徴によって区切ることで理解しやすくなり、とくに子どもたちに説明しやすくなると、歴史家は気づきました。〈中世〉とよばれる時代にたいしては、好意的な解釈とそうでない解釈があるために、中世の期間とその意味という問題が二通りになって表れます。

中世は歴史小説家にインスピレーションを与え、いくつかの本は大ベストセラーになりました。映画が誕生してからは映画人にも着想を授け、映画は観客、とりわけ子どもたちを魅了してきました。だからなおさら中世とは何であったのか、現代のわたしたちにとってどんな意味をもっているのかを、みなさんに説明してみようと思うのです。

第一章　中　世――期間について：《よき》中世と《悪しき》中世

学校では十六世紀はルネサンスの時代と教わります。十七世紀は古典時代とよばれます。十八世紀は啓蒙時代です。いったい中世はいつはじまり、いつ終わるのですか。

中世は非常に長い期間つづきました。短くとも千年！　紀元一〇〇〇年から一五〇〇年までが中世であるとふつう考えられていますが、中世は少なくとも五〇〇年早く、紀元五〇〇年頃、すなわち五世紀にはじまりました。四七六年、異民族の長オドアケルによって最後のローマ皇帝がローマから放逐されました。それはローマ帝国の終焉でしたが、政治的重大事件であるだけでなく、古代の終わりでもありました。

でも王がいなくなるたびに、あるいは王や皇帝の血統（王朝）が途絶えるたびに、時代

が変わるわけではありません。

そのとおりです。紀元五世紀にべつのきわめて重要な変化が起こります。まず、四世紀から、ローマ人が当時「蛮族《バルバル》」とよんでいた民族の「大侵入」がはじまりました。はじめに北方（ゲルマン民族と北ヨーロッパの民族）と西方（ケルト人）から、遅れて東方（ハンガリー人とスラヴ人）からやってきました。「侵入」という語は、通過した地域を荒廃させながら押し寄せてきた異民族の大群を想像させます。しかし実際には彼らはむしろ、もっと南に定住しようと平和のうちに移動してきた人びとでした。たとえばヴァイキングというと、ノルマンディの海岸に上陸して内陸地域を略奪し、被害を与えたというイメージがあるでしょう。事実は、ヴァイキングはおそらくは取引のために北の地域からやって来た商人であり、そのなかには「フランス」に定住する人びともいたのです。

宗教も変わったのですか。

変わりましたが、「大侵入」が原因ではありません。四、五世紀以後、ローマ帝国は皇帝たちの改宗によってキリスト教化し、異教は終わりを告げることになりました。異教《パガニスム》という語はキリスト教徒が、多くの神々と女神たちのいるローマの宗教を表すために使ったものです。異教は姿を消し――いずれにせよ早急でしたが、完全な消滅ではなかったでしょう――少しずつキリスト教に場をゆずりました。異教の神々は旧約聖書・新約聖書の神である唯一神にとって代わられました。もっとも、キリスト教徒の神も三つの位格《ペルソナ》（父と子と聖霊）からなっていますが。そして異民族自身も洗礼を授けられてキリスト教徒になりました。フランスで最も有名なのはフランク王クロヴィスの改宗です（五〇〇年頃）。伝説ではクロヴィス王は妻クロティルデのすすめでキリスト教徒になったと言われています。

それは伝説なのですか。

そのとおりです。だからあえて「伝説では……」と言ったのです。歴史家にとって中世初期についてはとくに史料が少なく、あったとしてもクロヴィスの改宗の物語のように、かならずしも事実をありのままに語っているわけではないことに注意をしてほしいのです。ものごとは批判的な目で見て、それらを他の史料――歴史家のいう「原史料《スルス》」――と比較しなければなりません。こうした物語を書きとめた人びとの頭の中にはさまざまな意図がありました。たとえばクロヴィスの改宗については、のちにフランスになる地域はじつはすでにキリスト教化しており、クロヴィス王は最初からキリスト教徒だったと言っておくべきでしょう。現実はずっと複雑なのです。

学校の先生は「長き」中世についても話してくれました。

さすがは先生ですね。いつ中世が終わったのかについては、さかんに議論されているのです。さきほど「一五〇〇年頃」と言ったのは、教科書にそう書かれているからです。教科書によれば、十五世紀の終わり頃、まずイタリアで、のちにほかのヨーロッパの地域で「ルネサンス」とよばれる時代がはじまったとされています。あるいはまた、みなさんもまもなく学校の授業で習うでしょうが、一五〇〇年頃というのは、「近代」といわれる時代の始まりともされます。しかしわたしもふくめた一部の歴史家の意見では、中世は実際は十八世紀末まで続いたのです。

なぜですか。

簡単にいうと、社会生活（正確には西欧社会の、それも先進国だったイギリス、フランス、北ヨーロッパなどの社会生活）をやがてすっかり変えてしまうことになる三つの出来事が起きたのがその時期だったのです。第一に、科学がものすごい進歩を遂げ、道具と、しだいに精確さをます研究方法の成果がもたらされるようになります。つぎに——これは諸科学の進歩が実現した結果ですが——、十七世紀末頃、どんどん効率化された機械が製作され使用されはじめ、より迅速な生産を可能にする技術が産み出されます。最初の蒸気機関は一六九八年にイギリスで開発されました（フランス人ドゥニ・パパンとイギリス人トマス・セーヴァリーの功績）。別の言い方をすると、それは「産業革命」とよばれるもののはじまりなのです。最後に、政治革命、とくにフランス革命が起きます。これはフランスおよびヨーロッパの歴史、そして世界史の真の転回であると考えられています。フランス革命は古い政治体制〈アンシャン・レジーム〉と、〈悪しき〉中世のシンボルにもなっている〈封建制〉に終わりをもたらしたからです。

〈中世《モワイヤナージュ》 Moyen Âge〉（中間の時代）という語はどこから来たのですか。なぜ〈中間の《モワイヤン》〉なのですか。

この概念は中世に現れ、とりわけ中世末期〔ここではルネサンス期をさす〕、学者や芸術家がそう考えはじめました。彼らは過ぎ去った数世紀――現代人から見れば中世の核心です――を中間部、過渡期、あいまいな時期、自分たちが理想化したイメージをもつ古代とくらべて衰退した時代と感じたのです。そして（彼らにとっては）はるかに洗練されていた古代の文化を取り戻そうとしました。十五世紀の終わりから十六世紀のはじめ頃、〈人文主義者《ユマニスト》〉とよばれたイタリアの詩人たちがとりわけそうした思いを強く抱きました。ユマニストは、人間には、神の御前での人間の罪深さを強調する中世キリスト教信仰が考えるよりも多くの美点があると考えました。

ほかにも理由があります。啓蒙の世紀である十八世紀には、中世の人間と文化を軽視する風潮が高まりました。その支配的なイメージは、中世は反啓蒙主義の時代であり、神への信仰が人間の理性を押しつぶしていたというものでした。ユマニストの時代にも、啓蒙の時代にも、中世の偉大さと美しさはもはや理解されませんでした。

つまり〈中〉世は、優越性が信じられていた二つの時代、すなわち古代と近代のあいだにあるのです。近代はルネサンスとともに始まります。ルネサンスという語は特徴的です。十五〜十六世紀に古代が〈再生《ルネートル》〉するというのですから。まるで中世はたんなる幕間にすぎなかったかのように！

たしかに〈悪しき〉中世というイメージはあります。でもそうしたイメージがすっかり定着したわけではありません！

そうです。美しく偉大な中世の重要性を再発見したのが、〈ロマン主義者〉とよばれる十九世紀の作家たちです。なぜでしょうか。あとで説明しますが、〈ゴシック gothique（ゴート人の）〉は中世の大聖堂と結びついています。しかし〈ゴシック〉という語がルネサンス以降にはじめて使われたときには〈野蛮な〉という意味ででした。〈悪しき〉中世を主張する人びとは、中世の美術を〈野蛮〉とみなしたのです。一方、ロマン主義者は反対に、ゴシック様式、とくに大聖堂の様式であるこの洗練された驚嘆すべき美術に感心しました。ヴィクトル・ユゴーの小説『ノートルダム・ド・パリ』はみなさんもきっとご存じでしょう。ユゴーはこの作品によって、パリの中心で常時何千人という訪問者を迎え入れているノートルダム大聖堂を、不滅なものにしました。

しかしつぎのことを認めなければなりません。今日、ふたつの見方——反啓蒙主義的な中世と黄金の中世——の両方が生きのびています。教育関係者もふくめてしばしばこのように言うのを耳にします、「もう中世ではないんだから!」。事物や人を「中世的 médiéval」とか「中世風 moyenâgeux」(中世を思わせる)と言うのは、ほめ言葉ではありません。

でもそうした見方がまったくの間違いってわけでもありませんよ!

中世は、たとえロマン主義者が好んで想像したような黄金時代ではなくても、欠点やわたしたちが嫌いな面があったとしても、ユマニストや啓蒙主義者がそのイメージを広めようとしたような、反啓蒙の悲しい時代などではありません。中世は総合的に考えられるべきです。古代と比較すれば、中世は数多くの点で進歩と発展の時代であることを、のちほど明らかにするつもりです。たしかに〈悪しき〉中世は存在します。領主が農民を抑圧し、教会は不寛容ゆえに、自立した精神（「異端」）を異端審問にかけ、拷問を行い、反逆者を薪の上で火刑に処しました……。飢饉はまれではなく、貧しい人びとは無数にいました。人びとは、たとえば海や森……そして悪魔を異常なほどこわがっていました。しかし今日、わたしたちはもっと多くのものを恐れていますし、そのいくつかはずっと大きな恐怖をひき起こします（たとえば、地球外生物への恐怖、とても現実的なのが原子爆弾の恐怖）。

しかしながら〈美しき〉中世もあり、とくに子どもたちが夢中になるようなものとして生きつづけています。騎士、城塞、大聖堂、ロマネスク美術やゴシック美術、色彩（たとえばステンドグラス）、そして祝祭。ほとんど忘れられていることですが、中世では女性は男性より劣ったものとされながら、社会のなかでより正当で、平等で、栄誉ある地位を獲得、あるいは力ずくで手にしました。こんな地位は、それ以前は、古代アテナイにおいてさえ、女性はけっして得たことのないものだったのですよ。さらに、あとで話すように、中世こそヨーロッパ誕生の時だったのです！

「ヨーロッパ」ですか……

そうです、「ヨーロッパ」はとても重要です。ヨーロッパは中世とともにはじまり、形成されました。古代ローマ文明はヨーロッパの南部、だいたい地中海を取り囲んだ地域に展開したにすぎませんでしたが、五世紀以降、北方（ドイツとスカンディナヴィア）、西方（ブリタニア、イングランド、アイルランド）、東方（ハンガリー、中欧諸国）の諸国は、少しずつ宗教的、政治的な共通空間になり、それが未来のヨーロッパを構成していきます。

ローマ帝国という大きな統一体は紀元五〇〇年頃に崩壊したと考えていいのでしょうか。

実際はそうです。それ以降は、未来のヨーロッパの住人になる新来者たちが諸集団に組み込まれ、定住し、その領土からやがて国が生まれ、その頭《かしら》はしょっちゅう新しい人物に代わります。王についてはとても重要なので後で述べましょう。

それは、ローマ帝国で話されていたラテン語の終わりでもあります。

新来者がとどまるのが北方であればあるほど、ラテン語からあらゆる種類の借用語をとり入れつつも、出身地域の言語を保持しました。ラテン語は学者の言語、文書用の言語となって、十五世紀まで残りました。南方の国々では、ローマ帝国で話されていたラテン語は、何世紀もかけて国ごとに大きく変化します。ラテン語は〈ロマンス語族〉、つまりフランス語、イタリア語、スペイン語、ポルトガル語、しばしば忘れられていますがルーマニア語などを生んだのです。

フランスの学校では十二歳になると、ラテン語を学ぶかどうかの選択をしなければなりません。アドヴァイスはありますか。

ラテン語によって過去の遺産へとアクセスすることは大切だと思います。もしあなたが〈文系〉の職業につくつもりなら、ラテン語をしっかり学習するコースを履修したほうがよいでしょう。理系の職業につきたいのであれば、深くはなくてもいいですからラテン語を学習するコースを選択して、まったく学ばないという事態は避けるべきでしょう。最小の知識であっても、やがてあなたの助けになるだろうというのがわたしの意見です。

ローマ帝国の東方の言語であるギリシア語は、西洋ではまったくかえりみられなかったのですか。

はい、ローマ帝国の東方のギリシア語地域はべつの世界を形成しました。ビザンツ帝国です。ビザンツ帝国では首長に皇帝を戴き、都はビザンティウム（コンスタンティノープル）におかれました。都にはギリシア正教会の総主教座もおかれ、ローマ教皇にたいする優越を主張しました。

西のキリスト教会は政治的にはすみやかに（七世紀以後）、ビザンツ帝国から分離しました。教皇はさらに時間をかけて、ビザンツ帝国からの教皇権の独立を獲得し、十一世紀に決定的なものにしました。

西方ローマ教会とビザンツの東方教会の関係には隔たりがあり、やがてすっかり悪化しました。一二〇四年、ローマ教会のキリスト教徒は、東洋のイスラムを敵とする十字軍に向かう途上、コンスタンティノープルで祈りつつ略奪をくりかえしたのです。

第二章 騎士、貴婦人、聖母

騎士

〈騎士《シュヴァリエ》〉という語には〈馬《シュヴァル》〉が入っていますが、ふたつの単語に関連はありますか。

もちろんです。わたしたちは鎧をまとった騎士の姿を見慣れているので、しばしば語源である馬を忘れてしまいます。騎士とは馬を所有する男のことなのです。正確に言うと、それは戦闘馬で、犂《すき》を引く農耕馬ではありません（長い年月、つい最近まで、犂を引いていたのは牛でした）。競走馬でもないし、ましてやサラブレッドではありません。たくましい〈軍馬《デストリエ》〉でした。

〈軍馬《デストリエ》〉は中世になって登場したのですか。

そうです。このタイプの馬はおそらくアジアから七世紀ごろにもたらされたのでしょう。いずれにせよ〈軍馬《デストリエ》〉は古代ローマには存在せず、戦闘でいかなる役割もはたしていません。騎士制度の時代、軍馬《デストリエ》が戦闘に用いられるようになったのは、新規で独自なことでした。

〈騎士〉は〈騎士道的《シュヴァルレスク》〉という語も連想させます……

そうですね、〈騎士道的《シュヴァルレスク》〉という語が中世の男たちの最も魅力的なイメージを表しているのはたしかでしょう。騎士道は、いまに伝わる物語のなかに見ることができます。そこでは騎士が主人公です。騎士は並みはずれた人物であることを示す勇敢な行為を期待されます。数多くの中世の物語が騎士の冒険、武勲、騎士をとりまく栄光、そして〈騎士道〉の美徳、すなわち高貴な精神と勇気を語っています。

なぜ騎士が〈戦闘馬〉に乗っていたことが重要なのですか。

馬上槍試合《トゥルノワ》のような催し物のときに行われる騎乗戦は、以前には知られていなかった発明や物品、身ぶりを生むことになったからです。最初のめざましい発明はあぶみであり、戦闘中の騎士が馬をうまく操ることができるようになりました。鞍《くら》も現れ、こうした品々はどんどん洗練されていきました。馬も鎧をつけ、馬衣を着せられて頭も防御されました。騎士は鎧をまとい、剣や槍の武器を持ちました……。しかし馬、鎧、武器……こうしたものはすべて高価でした。そのため、騎士の外観には差がつきました。裕福な騎士は装備が整い、従者をもち、〈強そうな印象〉を与えます。一方貧しい騎士にはずっとつつましい装備しかなく、伴《とも》の者もいません。

博物館で、鎧をまとった騎士が完全武装の馬にまたがった姿を見ると、すごいなあと思います。

そのとおりです。それが騎士制度の時代、なんと現実のことだったのですよ。騎士の外貌は当時の人びとに鮮烈な印象を与えました。なんたって半端でなかったのですから。いちばん強い効果を生んだのは騎士の鎧です。胸に鎖帷子《くさりかたびら》、顔に兜の騎士は、異様な感じの男というイメージを与えました。騎士はいつも鎧の音を鳴り響かせながら動き回っているのですから、そのガチャガチャいう音が騎士を目立たせないはずがありません。聖務以外では沈黙の人である聖職者とは反対に、騎士は公

図版１　対戦する二人の騎士。「散文で書かれたベルトラン・デュ・ゲクラン年代記　オジエ・ル・ダノワ物語」より。1405年頃。シャンティイ、コンデ美術館所蔵の羊皮紙。

然と注目をひく騒々しい男でした。

騎士は何をしていて、一日をどのように過ごすのですか。

彼らの第一の任務は戦闘です。しかし戦闘はよく想像されるような一対一の個人戦ではなく、グループ同士が戦う集団戦でした。

馬上槍試合のときは。

馬上槍試合も団体戦です。つけくわえると、戦闘には時間と場所に制限があり、たとえばとくに春に行われました〔教会は「神の平和」「神の停戦」として、冬期や降誕節、四旬節などに戦闘を行うことを禁じていた〕。騎士の余暇はもっぱら狩猟と娯楽です。騎士は大の狩猟家であり、狩猟も集団で行いました。一方で、栄光と名誉だけが賭けられた馬上槍試合もありました。この場合も二つのグループ、ないしは陣営に分かれて戦う集団戦でした。

馬上槍試合はもっぱら楽しむためでしたか、それとも真剣でしたか。死者は出ましたか。

もちろん真剣そのものです。たいがい負傷するだけで（鎧が剣と槍を防御しました）、戦闘時と同様、相手にとどめをさすよりも、捕えて解放と引き換えに金銭を得ようとしました。いってみれば資金源です。とはいえ、馬上槍試合で命を落とすこともありました。たとえばフランス王アンリ二世は一五五九年、馬上槍試合で死んだのです。さらにカトリック教会は長いあいだ戦争と武力行使に反対し、馬上槍試合を批判していたことを忘れてはなりません（馬上槍試合がたんなる競技ではなかった証拠です）。教会（〈教会〉とは、ここでは教皇と司教たちのことです）は十二世紀以降、馬上槍試合の禁止に成功するまでになりました。しかしそれは十五世紀から十六世紀にふたたび流行します。十五世紀半ば、ルネ一世、すなわち栄えあるアンジュー公、プロヴァンス伯、のちのナポリ王は馬上槍試合にかんする本を書き、大評判になりました。

なぜ馬上槍試合はそののち廃止されたのですか。

なにより火器が発明され、広まったことで、馬上槍試合のみならず、あらゆる戦闘方式をめぐる状況が変わったからです。

近頃もよく遠足で、史跡、あるいは馬上槍試合をやってみせる中世の見世物に行きます。なぜこんなに人気なのでしょう。

馬上槍試合はわたしたちに根づいたある強力なイメージ、いわば永遠の中世のイメージなのです。馬上槍試合も大聖堂同様、十九世紀、ロマン主義の小説家によって近代小説の中に〈甦り〉ました。スコットランドの作家ウォルター・スコットの『アイヴァンホー』を読んだことがありますか。一八一九年に書かれたこの有名な小説に、馬上槍試合がみごとに描かれています。馬上槍試合はまさに人目をひく派手さから、二十世紀にはしばしば映画の場面に使われました。わたしにとっていちばん美しくいちばん的確に中世を描いた映画であるロベール・ブレッソン監督の『湖のランスロ』にも馬上槍試合が出てきます。多少むずかしいかもしれませんが、十歳からのすべての若いみなさんに、この映画を観ることをお奨めします。

中世を再現するときには鷹狩りの見世物も欠かせません。騎士はほんとうに鷹狩りをしていたのですか。

はい。鷹狩りやその他の狩猟は、騎士の仕事の一部でした。彼らはまた、自分の領地を訪れたり、巡礼したり、祝祭を準備したり、吟遊詩人（南仏ではトルバドゥール、北仏ではトルヴェール）の芸の客になったり、音楽を聴いたりして過ごしました。騎士は実際、戦闘にも平和にも関心をもっていましたが、おそらく戦闘のほうにより情熱を傾けていました。それはたぶん、彼らが地上の生は永遠の生を得るための戦いであると考えていたからです。教会が聖地への十字軍を組織したのは、一部には騎士に仕事を与えるためだったと、今日では考えられています。

とても有名な騎士がいます。獅子心王リチャード、すでに名前が出たアイヴァンホー、ランスロット、パーシヴァル……

ちょっと待って！　たしかに、冒険や偉大な武勲が語られてきた有名な騎士のなかには、一一九九年に死んだイングランドの獅子心王リチャードのように、実在した歴史上の人物もいます。しかし有名な〈円卓の騎士〉の場合のように、物語《ロマン》にしか登場しない騎士もいるのです！

信じられない！　円卓の騎士は実在したと、ずっと思っていました。

ええ、それが伝説の力というものでしょう。〈円卓の騎士〉伝説はひと続きの物語として、十二世紀後半には韻文のかたちで、十三世紀前半には散文でまとめられました（一一五〇―一二五〇年）。物語は、五世紀の一人の王をめぐって展開します。実際にはなにも知られていないにもかかわらず、中世をつうじてだれより人目をひいた王、大ブリテン島のブルトン人の首長であるアーサー王です。語り手たちは、アーサー王を中心に十二人の円卓の騎士の物語を織り上げ、それがひろく知られることになったのです。この物語が不思議なほど中世の男女をひきつけたのは、とりわけ物語が騎士たちのまったき平等のうえに成り立っていたからです。ひとつの着想がきわめてわかりやすくその平等を表しています。すなわち騎士たちはいかなる身分の区別もなく、〈円卓〉をかこんで座ったのです。その代わり、円卓の騎士たちは華々しい手柄を立て、中世の騎士にとって最高の栄誉である武勲を遂げようと競い合いました。それは神を前にした誓い《アンガージュマン》と結びついたひとつの約束をはたすことでした。

その約束こそが聖杯！

そうです。というのも、こうした騎士社会は根っからのキリスト教社会でもあったのです。アーサー王の文学がつくり出した美しい物語は、神とその子キリストを称えることになりました。理解するのは、みなさんには少しむずかしいかもしれませんが、円卓の騎士伝説では、騎士たちはある〈神秘的な〉任務をはたします。すなわち彼らは、神の謎めいた任務をはたすために神に奉仕するのです。騎士たちはこの世に限らず、別の世界、天界や神的世界の冒険にも身を投じます。騎士たちをそこへ送ったのは神であり、報酬を約束したのも神です。それゆえ彼らの物語は〈神話的〉なもの、すなわち、信じがたいけれども、人がおのれの内奥で求めているものになりました。今日でも多くの人が、聖杯とよばれるこの謎めいたものを見つけだすよう託された円卓の騎士になりたいと思うことでしょう。

ところで〈聖杯〉とは何なのですか。

それは魔法の杯で、聖体拝領の聖パン《ホスチア》を神の真のからだに変える聖杯《カリス》のことです。

アーサー王伝説は中世の——中世だけではありませんが——男たちを魅了しました。男たちほどでないにせよ女たちの心をもとらえました。円卓の騎士の任務と武勲は、ひとえに男のわざであることを思い出してください。騎士が全員若い男であるのは、騎士社会がひたすら男が支配する男性社会であるからです。

貴婦人と聖母

でも物語には〈貴婦人〉の役割の話も出てきます！

たしかにそうですが、貴婦人は物語《ロマン》のなかの存在であり、創作されたヒロインなんです。女の子たちをがっかりさせるのは承知で、ありのままを言わなければなりません。現実の生活では、アーサー王伝説で語られたような〈貴婦人〉など、ほとんどいませんでした。しかし中世の作者が理想の女性をつくり上げ、美しさと美徳が際立つ女性たちの最上位においたので、読者は、ときには——めったにないことですが——実在の女性が物語の背後にいて、彼女たちこそ真の女性の顕現だと信じたのです。作者によれば、物語のなかでは騎士はそれぞれひとりの貴婦人を心に秘めていますが、……その女性が騎士の妻であることはまれでした。

中世の現実の生活では、女性は男性より下におかれていたのですね。

ええ、古代のあらゆる社会と同じです。しかし強調したいのですが、まさに円卓の騎士伝説がひろまった時代に、近代的な語の意味での結婚が誕生し、確実に一般化するのが見られたのです。実際、教会は、次第に厳密に一夫多妻制（複数の妻をもつこと）と離婚を禁じるようになりました。教会は女性に、男性とほとんど同じくらい重要な地位を与えました。とりわけ女性の同意（結婚の際に女性自身が同意の意志を口にすること）が義務になりました。それ以前は娘の家族、すなわち両親が娘に結婚相手を押しつけ、娘はただ従うだけだったのです。もちろん、以後も、娘が〈正しい〉選択――両親の選んだ相手を選ぶこと――をするよう、あらゆる種類の圧力がかかることはありました。しかし原則は重要です。その後、教会のおかげで、たいていの女性は自由結婚をするようになりました……。結婚する自由、しない自由、離婚する自由のある今日からは、たぶん奇妙に見えるでしょう。しかしいまもなお、女性が愛する男性を夫として選ぶ権利をもたない文化は数多く存在しています。

では騎士道伝説の〈貴婦人〉は、やはり日常生活にも影響したのですね。

そのとおりです。しかし最も重要な役割を担っているのはひとりの女性、たとえキリスト教徒でなくても、ヨーロッパじゅうの子どもたちが名前を知っている女性、すなわちイエスの母である聖母マリアです。十一世紀から十三世紀にかけて、マリアへの信心《しんじん》、いわば〈聖母《ノートル・ダム》〉信仰が中世の人びとの信仰において、とても重要になります。

信心とは何でしょうか。

聖母マリアへの信心とは、人びとが聖母に捧げる祈りと懇願であり、聖母を象ってつくられる聖画や彫刻、聖母にかんする本、聖母崇拝の巡礼地、聖母に捧げられ（今日に残る）その名を冠した教会や大聖堂のことです。〈聖母《ノートル・ダム》〉は信徒と神のあいだの偉大なとりなしです。中世の人びとは神の子イエスの加護を得るために――

たとえば病からの回復など――聖母マリアを介したのであり、自分たちに代わってイエスに〈とりなし〉てくれるよう、聖母にお願いをしたのでした。だからマリアはある意味で、中世社会の唯一無二の女性だったのです。

聖母マリアも騎士にたいして役割を負っていましたか。

もちろんです。騎士もまた聖母の加護を求め、危機にあっては、助けと救いをお与えくださいと、聖母に請い願いました……。聖母は騎士の誓いに大きな役割をはたしました。聖母マリアのこうした重要性以上によく理解すべきなのは、騎士制度は中世をつうじてしだいにはっきりと、神聖で修道的なものになっていったということです。騎士になるには一種の〈秘跡〉、すなわち信仰のしるしである宗教儀式をへるのです。騎士の叙任は、教会とその代理人である司教、司祭、修道士――一九八―二〇〇頁を参照してください――を介さなければならなかったのです。騎士は神、その子イエス、聖母、および諸聖人をまえにした特別な儀式〈騎士叙任式〉を通じて誓いを立てました。

しかし〈悪い〉騎士にはこと欠きません！

そのとおり！　たとえ中世が〈良い〉騎士のイメージをたくさん後世に残したとしても、それはあたりまえです。〈良い〉騎士がもつ類《たぐい》まれな威光は、二つの特質から来ています。それは人びとの称賛をかきたてた身体能力と、貧しい者、弱い者、聖職者（聖職者は中世の教養人で、まずは司祭や修道士、そして忘れてならないのが神に自らを捧げて修道院で生活する女性たちです）を保護するというような、さまざまな美徳の実践です。

しかしよく聴いてください。もちろん〈悪い〉騎士もいたのです。さきほど述べた物語や〈武勲詩〉（騎士たちの武勇を語る長大な叙事詩で、『ローランの歌』が有名）には、裏切り者、うそつき、人びとを迫害し快楽のために人を殺す騎士たちが登場します。

パーシヴァル、アイヴァンホー、ランスロットなどの〈良い〉騎士の話は出ました。〈悪い〉騎士の名前は伝わっていますか。

『ローランの歌』にはガヌロンという有名な裏切り者が出てきます。しかし、多くはむしろ、裏切り者というより、『トリスタンとイズー（イゾルデ）』の巨人モルオルトのような残忍な人間です。たとえ騎士のイメージが、たいていの場合は肯定的で、感じのよいものだとしても、こうした〈悪い〉騎士がいたことを忘れてはなりません。物語に書きとめた作者も、その悪事を読んだ読者も、彼らを嫌い、非難しています。

中世には、善人と悪人が対決し、天使と悪魔が闘いをくりひろげる世界が好んで描かれました。だから天使のような騎士と意地の悪い悪魔のような騎士がたくさん登場します。騎士物語の多くは善と悪、名誉と不名誉の緊張のうえで演じられます。筋立て（すなわち語られる物語）は善人と悪人の対決によって進むのです。

第三章　城塞と大聖堂

〈中世〉というと、〈騎士〉のほかに〈城塞〉と〈大聖堂〉を思いうかべます。

まったくそのとおりです。ただし城塞と大聖堂《カテドラル》は、むしろ例外的な建物だというべきでしょう。中世の住居はたいてい質素で、粗末で——農家はとくに貧弱で、しばしば悲惨でさえありました。都市でさえ、石造りの建造物が現れるまでにはかなりの時間がかかりました。建物は長いあいだ木造であり、中世には頻繁に起きていた火災の原因になりました。家屋以外にも、教会も村落も都市も、燃えるものにはこと欠かなかったのです！

しかし二つの建築物が中世の人びとの精神には不可欠であり、中世の重要なシンボルでした。すなわち騎士の住居である城塞と、神の住まい（正確を期せば、神の代理人である司教の住まい）である大聖堂です。城塞は騎士の力と威光を顕示し、大聖堂は神の重要な代理人である司教を通して、神の栄光を地上におよぼしました。司教は〈司教区〉とよばれる宗教的領地の首長であり、司教区は現在のフランスの県にほぼ重なります。司教の住む都市にある司教の教会、すなわち司教が祈り、説教し、ミサを執り行う〈神の家〉が〈大聖堂《カテドラル》〉とよばれます。

なぜ城と大聖堂を結びつけるのですか。

この二種類の住居は、その高さによって、はるかな高みがもつ意味と、見上げるべき方向を教養人にも民衆にも指し示したからです。中世には上下の対比が〈空間に投影〉されています。人びとは〈下〉から逃れることを願って、非常に高くて、よく目につく塔や城壁を建造しました。別の言葉で言うと、上と高さは偉大さ、美しさを表すのです。城塞と大聖堂の建造物に表現された上下の対比――眼前にはっきり見ることができる対比――は、中世にあってはとても重要でした。それが天と地、〈来世〉と〈現世〉の対比に関連するのはあきらかです。城壁や塔が重要視されたのはそのためです。中世の教会はしばしばすばらしい塔を有していました。都市の裕福な住人の邸にも塔がありましたが、中世が終わると、残念なことに破壊されてしまいました。

しかしイスラムのモスクにも〈ミナレット〉とよばれる塔があり、多くはすらりとして、空に向かってそびえていることはきっとご存じでしょう。キリスト教とイスラムという二つの宗教は、〈神の家〉の建築によってもたがいに競いあっているのです。イスラムは七世紀のはじめ（六二二年）にムハンマドによってはじまりました。これはほとんど中世と同時代なのです。のちにこの話をしましょう。

城塞

浜辺で砂の城をつくるとき、いつのまにか塔、銃眼を施した城壁、堀、上り下りするらせん状の通路、狭くて暗い階段、秘密の場所などを備えた城塞になっています。

そうですね。大人にも子どもにも、城塞は〈美しき〉中世の一部をなしています。

城塞はいったい何の役に立つのですか。

城塞には、騎士にとってふたつの役割があって、どちらも重要です。ひとつは防御、すなわち軍事的役割（要塞）、もうひとつは住居（館）の役割です。城塞の規模は、そこで生活する人の数によります。というのも、彼らは城塞に住み、領主の大家族や使用人（とその家族）、近隣の農民を守ったからです。ある種の城塞は、あらゆる年齢、あらゆる職業の多種多様な人間からなる都市の原型なのです。

城塞は、保存のよいものも廃墟も、たいてい田園にあるという印象があります。

そうですね。騎士は概して、都市の人びと、とくに〈ブルジョワ〉から距離をおいていました。狩場や農民の耕作地の近くにいることを好んだのです。しかし都市のなかの城もあり、たとえばパリのシテ島がそうです。古い中世の城であるパレ・ロワイヤルやルーヴル宮は都市の真ん中に位置しています。イタリアではたいていの城塞が都市にあります。

城塞はヨーロッパじゅうにあるのですか。

そうです。ヨーロッパは中世をとおして無数の苛烈な戦争と争いを経験し、またヨーロッパじゅうがほとんど同じ生活様式だったからです。美しい城塞をたくさん見たいのなら、たとえばスペインに行くのがよいでしょう。この国は城《しろ》大国です。「スペインに城を建てる」(「砂上の楼閣」の意味)という表現があるくらいです。東ヨーロッパではたとえばポーランドがおすすめです。チュートン騎士団が目をみはるような城塞を築きました(とくにマルボーク城)。

城は、中世をつうじてずっと同じような形態だったのではありませんね。

もちろんです。城は大きく進化しました。変化は二つの面で起こりました。ひとつめは、十一世紀頃、石材が木材にとってかわったことが城の役割を変化させたことです。二つめは、十世紀から十二世紀、城は領主とその家族の避難場所を築くことがなにより重要でしたが、武器や備蓄物を貯えるのにも使われたことから、城にやがて主塔(本丸)がつくられるようになったことです。城塞は石造になり、住居部分や備蓄物は、分厚い壁、堀、はね橋、突出し狭間《はざま》、攻略者の頭上に熱湯や煮えたぎった油などを注ぎかけるための穴などを設けて防御されました。城塞はまさに要塞化し、陥落させるのがとてもむずかしくなりました。

図版２　城塞。スペイン、1450年頃。マドリッド、プラド美術館蔵。

どうしたら陥落に成功するのですか。

なんたって裏切りがいちばんです！　住人のひとり、あるいは一部が、なんらかの方法で、包囲軍が中に入る手助けをすればよいのです。

映画や漫画で城塞を包囲する場面を見ることがあります。攻略軍は外壁に立てかけた梯子を上ろうとし、一方の包囲された側は外壁上部に達した敵兵を振り落とそうとし、あるいは大なべから煮えたぎる油を彼ら

の頭上に注いだりして防戦します。こうした場面はだいたい史実どおりですか。

ええ、でもくりかえして言うと、包囲はきわめて長期間つづくこともありましたが、抵抗を貫いた城の数は、陥落した城の数よりも確実に多いのです。城塞は敵に奪取をほとんどあきらめさせるような築城法と立地で建造されました(フランスのウール県にあるガイヤール城やエーヌ県のクーシー城の廃墟を見てください)。

なぜ城塞はある時点で建造されなくなり、現在ではほとんどが廃墟でしか残っていないのですか。

最大の理由は大砲です。十四世紀末から十五世紀初めになると、技術上の大発明である大砲が、非常に厚い壁さえ破壊するようになりました。それから城塞はしだいに居住の場になり、ルネサンス期にはそれ以外には使われなくなりました。そのため、城塞の建築と構造がすっかり変化しました。さらに中世ののち、フランスの王は領主たちへの支配を確立するために、強固な城塞の破壊を命じました。

城塞は住みやすかったのでしょうか。

いいえ。城塞が快適になったのは大砲の出現後、居住の場になってからです。それまでは城塞での生活はむしろつらいものでした。領主と側近はクッションさえ使うのをひかえました。家具はほとんどなく、衣服は箱にしまいました。テーブルは組み立て式で、腰掛ける椅子は簡素でした。とはいえ裕福な者の家では壁に壁掛け《タペストリー》を飾りました。暖炉はぜいたく品であり、芸術家が製作を手がけることもある〈美術品〉であり、きわめて寒い城の中で切実に求められた温かさを与えるものでした。暖炉とその部屋は家庭のシンボルであり、出会い、歓談、遊びの場でした。食事はたいへん重要なので、台所はたいてい立派にしつらえた部屋でした（ルーヴル宮の台所を見てください）。中世の人びとは質素な生活をしいられていて、城塞には集団便所がありました。

大聖堂

城砦と大聖堂を結びつけるのは、高さへの思い入れなのですね。

はい。大聖堂の巨大さ、とりわけその高さは、訪れる人、眺める人につよい印象を与えるとともに、とても重要なあることを感じさせるためです。すなわち大聖堂の高さは、天にまします神の崇高さを反映しているのです。大聖堂は神に奉献された神の家なのです。神の栄光は地上における神の代理人、すなわち司教にまでおよびます。もっと卑俗な側面もありました。大聖堂はほとんどが都市にあり、たがいにどれがいちばん大きいか、高いか、美しいかを競い合っていたのです。

大聖堂は何に使われましたか。

まず、よく言われるように大聖堂は〈礼拝の場〉です。人びとは祈り、ミサをあげ、典礼と信仰儀礼にあずかるために大聖堂に集まりました。神の代理人たる司教の家である大聖堂には、〈司教座聖堂参事会員〉とよばれる常任の高位の修道会員たちがいて、司教を補佐します。彼らは朝、昼、晩、聖務日課を唱えます――つまりこの場所の本当の所有者である神を「ほめ称える＝賃借する」のです。司教座聖堂参事会員が〈聖務《オフィス》〉――〈仕事〉を意味するラテン語に由来――を行うのは大聖堂の内陣です。大聖堂に行くとたいてい内陣が広いのに気づき、〈聖職者席〉（背もたれのついた木製の座席で、見事な彫刻が施されていることもあります）が見えることでしょう。参事会員はここに座ってともに祈禱しうたうのです。

広い大聖堂で、どのようにして司祭の説教や司教座聖堂参事会員の聖歌を聴いたのですか。

とくに十三世紀、すなわち一二〇〇年以降、大聖堂は説教が行われる場所になりました。説教者は信徒たちに向かってキリストの生涯と教えを説き、聖母や旧約聖書の預言者たちについて話し、イエス・キリストを中心にすえたキリスト教徒の聖書、福音書を解説しました。司祭はまた聖人について語り、会衆を勇気づけ、とがめ、説きすすめ……。信徒は立ったまま、おそらくかなりつらい状態で司祭の話を聴いていましたが、司祭は声にもまして、しぐさによって語りかけました。中世は言葉と身体表現の時代だったのです。

大聖堂には宗教活動以外でも人びとが集まったのですか。

はい。大聖堂は集会の場所としても使われ、会合が開かれ、祝祭その他にも用いられました。しかし中世にはすでに公共の集会場があったことを思い出してください。人びとは集会目的でわざわざ教会へ行く必要はなかったのです！

大聖堂はどのようにして建てられたのですか。

現存するほとんどの大聖堂は石造です。しかし建造初期には、経済的に豊かでなく、かつ森林が多い地方では、教会は木造でした。スカンディナヴィアやポーランド南部にすばらしい木造教会が残っています。

中世には、大聖堂はどんな建物よりも多くの装飾が施されていました。とくに今日の大聖堂からは消えてしまった、もはや見ることのできない眺めがありました。

大聖堂には絵が描かれ、彩色されていたのです。壁掛け《タペストリー》、フレスコ画（壁のしっく

図版3　シャルトル大聖堂（建物の大半は13世紀造）。19世紀の版画。パリ、装飾美術館。

いにじかに描かれた絵〉、彫刻なども大聖堂を飾っていました。いちばん彫刻が施された場所は、内部では柱頭（柱の上部）、外部では正面入り口《ポルタイユ》です。こうした彫刻の形態や様式は大きく変化しました。大聖堂の内部についてひと言つけ加えましょう。入り口近くにはしばしば〈洗礼室〉という区切られた小さな空間に石の桶がおかれています。洗礼のとき、桶は聖水で満たされます。〈洗礼室〉が豪華に装飾されているのは、洗礼は〈秘跡《ひせき》〉であり、キリスト教の最も重要なしるしだからです。ひとはユダヤ教徒として、あるいはムスリムとして生まれますが、キリスト教徒として〈生まれる〉ことはないのです。入信者の頭に洗礼の水が注がれることによって、赤ん坊であれ成人であれ、ひとははじめてキリスト教徒に〈なる〉のです。

大聖堂の彫刻は大きく変化した……。

もちろんそうですが、建物全体も進化したのであり、それは新しい建築技術の発明に負っています。進化はとくに二つの時代に分かれています。

十世紀以降（九〇〇年頃から）、大聖堂はしだいに平らな天井がなくなり、壁と壁をつなぐいわゆる〈アーチ型《ヴォールト》〉天井をもつようになりました。しかし十二世紀以前はこうした教会の内部は比較的薄暗く、人びとは教会を明るくする必要も感じていませんでした。これらは〈ロマネスク〉様式、ないしはロマネスク美術とよばれるものです。

やがて、人びとは光を求めるようになり、神は光であるとさえ言うようになりました。技術的進歩、広い空間の探求、鉄その他のさまざまな金属の利用法の発達が、十一世紀から十三世紀にかけて、偉容を誇る〈ゴシック〉の大聖堂を誕生させました。〈ゴシック〉は〈野蛮《バルバル》〉を意味すると、さきに述べました（一五八頁）。ゴート人は、五世紀以降にローマ帝国に侵入した異民族ゲルマン人の一種で、ルネサンス期ととくに十七世紀に、人びとはこの異民族の芸術を〈ゴシック〉とよび、さきに述べたように、十九世紀初頭にロマン主義者たちがふたたびゴシックを流行させることになりました。

大聖堂自体、あるいはその構造には、〈秘密〉があったのだろうとよく言われますが……。

そんなことはありません。大聖堂が秘密を封じ込めているという考えは、大聖堂が感嘆を誘い、その構造が複雑で込み入っていることからきています。しかしこの考えはずっとのちの十八世紀に、けっこう秘密がかった同業組合、ないしは結社である〈フリーメーソン〉(〈自由な石工《いしく》たち〉の意)から生じたもので、フリーメーソン自体が、自分たちのルーツは大聖堂の建造者たちだと称していたのです。そのかわり、いくつかの大聖堂には、〈迷路〉のような秘密の地図を連想させる図面が床に描かれ、訪れた人は最初に方向感覚を失いました(たとえばシャルトル大聖堂)。

大聖堂の建立には莫大なお金がかかったのですか。

はい。大聖堂は領主が〈ただで提供する〉労働者によって建てられたという人たちもいましたが、事実はそうではありません。大聖堂の建設工事では、現場で働く人びと、すなわち建築家、石工、あらゆる種類の職人に労賃が支払われました。工事は長期間つづき、終われば彼らは次の場所へと去っていきました。

だれが支払ったのですか。

まず聖職者、つづいて都市の住民と裕福な人びと、それから多くはないのですが王や領主です。しかしひとつの大聖堂を建てるには非常にお金がかかり、長期間にわたることもあり、まさに資金不足で作業が中断したほどです。経済状況が悪い、戦争が勃発した、伝染病が広がったというだけで、労働者に払うお金が不足して、工事が止まりました。だから、たとえばナルボンヌの大聖堂、ドイツのケルン大聖堂（十九世紀に完成）のように、多くの大聖堂が未完成のままでした。もっとも有名な未完の大聖堂といえば、イタリアのトスカナ地方シエナの大聖堂でしょう。

まだステンドグラスの話をしていません。たとえばシャルトル大聖堂などを訪れると、中世の素朴な人びとはステンドグラスに描かれた場面によって聖書や福音書を学んだと説明されます。

ステンドグラスはとくにゴシックの大聖堂を飾りました。その頃、人びとは彩色ガラスの断片を鉄で接合して窓をつくる技術を開発しました。いまの私たちに、かつての大聖堂やかなりの教会が色彩のある建物であったことを教えてくれるのは、なによりもステンドグラスなのです。その色彩がどれほど素晴らしいかを見たければ、十三世紀半ばに聖王ルイがパリに建立したサント・シャペルを一度訪れるとよいでしょう。

第四章　中世の人びと

——聖職者と一般信徒、領主と農奴、都市住民《ブルジョワ》、商人と職人、旅人と巡礼者、貧者と病人

ここまではおもに〈美しい〉中世の話でしたが、あまり美しくないものもあります。たとえば〈封建社会〉というとき、つねに中世を批判する意味で使われます。

中世社会も、あらゆる社会と同じく複雑です。なぜ中世社会を〈封建制〉とよぶのでしょうか。〈封建制 féodalité〉という語は、この社会が〈領主〉によって支配され、領主は部下である〈臣下〉をもち、臣下に収入をもたらす土地〈封土 fief〉を分封（〈貸与〉といってもよいでしょう）するところからきています。この語の指し示す社会システムについて、十八世紀の哲学者やフランス革命時の人びとは、権力者や裕福な者たちが民衆、農民、〈庶民〉を抑圧するものだといって、嫌悪し、否定しました。このイメージが〈中世〉に貼りついているのです。

〈修道〉聖職者と〈在俗〉聖職者

封建社会は定義からして不平等な、領主が農奴を抑圧する社会だったといってよいのでしょうか。

これから説明しましょう。しかし前もってべつの見方を頭に入れておかなければなりません。この時代の人びとには、そのほうが大事だったのですから。なんといっても中世の人びとは二種類に大きく分かれていました。人生を神と宗教に捧げた〈聖職者〉と、神を敬うよきキリスト教徒でありつつも家族と職業をもち、教会にたいしてもっと独立した関係をもつ〈一般信徒〉です。

聖職者はもっぱら男性で、女性はいないのですか。

たいていはそうです。聖職者は基本的に男性で、司教、司祭、修道士です。しかしながら修道院で共同生活をする修道女もいます〈〈修道女 monial〉という語は修道院monastèreから生じました)。聖職者は独身ですが、中世の最初の数百年には女性と暮らして子どもをもうける司教や司祭もいました。十二世紀以降、教会は最終的に聖職者の妻帯を禁止し、やがて厳禁となりました。この時代、修道士たちは修道院にしばしば女性の共同体も迎え入れていましたが、以後は彼女たちを閉め出すか、厳格に住み分けるかをしいられました。

どのようにして聖職者になるのですか。

神の〈召命〉がある者は、司教に聖職者として迎えられるよう願い出ます。つづいて信仰と信心について学びます。司祭になろうとする者はしだいに昇っていく一連の〈叙階grade〉を受けます。最終は〈司祭叙階〉の秘跡です。こうして、秘跡を授け(洗礼、告解、ミサなど)、説教を行うことのできる上級の聖職者、司祭になります。司祭の上に司教がいます。

聖職者の数は多かったのですか。

そうです。とりわけ今日にくらべたら! しかし中世の聖職者は二種類に区別しなければなりません。この区別は、いまに至るも通用しています。

一方には信徒とかかわり、信徒とともにあり、信徒を束ねる聖職者である司祭がいます。司祭はふつう司教によって統括される司教区のうちのひとつの〈教区〉を担当します。司祭は〈在俗(教区つき)聖職者 clergé séculier〉です。〈俗界 siècle〉、すなわち世間に生きるからです。

他方で、一般に信じられているよりは人びとと接触するけれども、世間からひきこもって生きる聖職者である修道士、〈律修聖職者 régulier〉がいます。彼らは自分たちだけで生活し(修道士 moine はギリシア語の〈唯一の monos〉から来ています)、同じ〈戒律 règle〉に従います。修道士は世間一般とかなりの距離をおきながらも大多数は共同体で生活しているのですが、moine (〈隠修士〉)という名のままなのです。

さまざまな種類の修道士がいます。

修道士は五、六世紀以降、数がふえました。とくにアイルランド人修道士は、ヴォーニュとレ・ザルプに修道院を創建して、めざましいものがありました。六世紀にはイタリア人修道士、ヌルシアのベネディクトゥスが、労働と聖務のバランスのとれた、穏健な〈厳格すぎない〉戒律をつくりました。九世紀はじめ、シャルルマーニュの息子ルイ敬虔王がこの戒律を修道者全体に課しました。これが当時のベネディクト会です。

しかしそれにとどまりませんでした。十世紀から多くの修道会が設立され、聖ベネディクトゥスの戒律から霊感を受けつつ、社会の進展に適応しました。そのひとつ、クリュニーに設立された修道会は特異な方法〈既存権力からの独立志向が支持され、有力者たちがあいついでクリュニー修道会に私有教会・修道院を寄進するなど〉でヨーロッパじゅうにひろがり、この会の修道士は大勢力になり、首長であるクリュニーの修道院長は大立者とみなされました。当時の教皇の何人かは、クリュニーの修道士出身でした。十二世紀、改革派修道士による新しい波が起きます。つまり、彼らは、聖ベネディクトゥスの文書と戒律に近い、もっと厳格な生活様式に戻ろうと考えたのです。いちばん有名なのはシトー会です。この名はブルゴーニュのシトーにある彼らの〈母院〉にちなんでいます。著名な聖ベルナルドゥスは十二世紀前半に活躍しました。

テンプル騎士団は修道会ではなかったのですか。

つぎはその話題です。イスラムへの十字軍（第一回は十一世紀末。二三六頁参照）と、異教徒を力ずくで改宗させたいという欲望が騎士団の創設をうながしました。主なものは南のテンプル騎士団と西のヨハネ騎士団、東のチュートン騎士団です。騎士団はスペインにもありました。

アッシジのフランシスコは修道士ですか。

いいえ、ちがいます。十三世紀はじめに〈托鉢〉修道会が創設されました。アッシジの聖フランシスコのフランシスコ会、聖ドミニコのドミニコ会です。彼らは修道士《モワーヌ》でなく、兄弟《フレール》です。孤住せず、都市の中の修道院で暮らしました。地所と財物からの収入ではなくて施しと寄付によって生活したため、〈托鉢〉とよばれました。一般信徒の〈会員〉が修道会に代わって会の地所と財物を管理しました。托鉢修道会は急速に大発展を遂げました。托鉢修道士は都市の多くの個人と家族にかかわりましたが、一般信徒のなかには、自分たちのことにあまりに口を出す〈侵入者〉だと、彼らを非難する者もいました。十四世紀からは修道士と修道会員の数は減り、その重要性も小さくなりました。

一般信徒——領主と農奴、都市住民

聖職者でない人はすべて、一般信徒ですか。

はい。しかし一般信徒には三つの区分があります。領主あるいは貴族、農民あるいは農奴、都市住民です。

ひとつめは最上位の身分にある人びとと、前述した騎士です。騎士はふたつの名前、あるいは称号をもつことができます。騎士が所有する土地が〈荘園《セニューリ》〉であり、農業収入と農民の賦課租《ふかそ》（ある額の金銭）を受けとることから、騎士は〈領主《セニュール》〉でした。一方で騎士は古代からつづく〈貴族〉の称号も有し、社会集団の上位である貴族階級に属していました。そして貴族階級がそれ以外の平民を支配していました。領主の下には貴族以外のあらゆる民衆、一般的には農民がいます。十二世紀まで農民は実際には自由ではなく、ラテン語の*servus*〈奴隷〉に由来する〈農奴serf〉とよばれていました。しかし農奴は古代の奴隷とはあまり似ていません。農奴制は古代に大多数の農民が従属させられていた奴隷制ほどひどくはなかったのです。農奴は合法的に結婚し家庭を営むことができましたが、それは古代の奴隷にはけっして許されませんでした。十一世紀以降しだいに、領主は農奴に自由を与えるようになりました。農奴は自ら働くことと引き換えに、自由を求めていたのです。領主からすれば、経済発展がもたらす新たな現金収入が必要であり、農奴を〈隷属〉状態におきつづけていたのではそれは得られなかったでしょう。農民は移動の自由とその他の欲求（たとえば土地、とくに森林の開墾や、自分の生産物の定期市での販売）をかなえるために、いっそうの独立を欲しました。

人びとは生まれによって領主であり農奴であったことを思い出してください。それなのに領主は農奴を〈解放する〉、自由にすることができたのです。

三つめのカテゴリー、都市住民が残っています……。

十一世紀から十三世紀に都市は大きく発展します。大部分の都市の住人は——領

図版4 「ベリー公のいとも豪華なる時禱書」〈暦〉の「10月」に描かれたセーヌ河畔の種まき（後景はルーヴル宮）。ランブール兄弟（1412-16年に従事）と15世紀の画家たちによる制作。シャンティイ、コンデ美術館。

主や農奴とは逆に、生まれではなく――仕事によって境遇が変わりました。ある者は手仕事によって（布地、衣服、鉄を多用するようになった道具の生産）、ある者は商業によって裕福になり、領主に賦課租を払わずに生産して販売する権利を、友好的に、あるいは力ずくで獲得しました。これが〈自由権 franchise〉（franc は〈自由〉の意味）です。都市はその発生と発展の局面（九世紀から十二世紀）を通じて一般に〈新集落 bourg〉とよばれ、その住人が〈ブルジョワ bourgeois〉でした。「ブルジョワ」という語は「裕福な者」という意味以前に、都市の住人を表していたのです。新集落《ブール》が本来の区域を越えてひろがり発展すると、〈新外地 faubourg〉になりました。新外地《フォブール》の多くはある時期、城壁で囲まれました。フィリップ二世（尊厳王）治下の一一九〇年から一二二〇年までのパリがそうです。みごとな例をカルカッソンヌの城壁に見ることができます。じつは中世の都市をまねて十九世紀に造られたものですが……。ブルジョワはしばしば新外地にかんする特権を有していました。特筆すべきは、その地区を通行する者、家を建てる者、商店を営む者などから料金を徴収する権利です。

商人、定期市、旅人

商業と商人の話がすこし出ましたが、中世にはどのようだったのでしょうか。食物、衣料その他、すべての生活用品はどのように売買されたのですか。

十一世紀から十二世紀にかけて中世の大転回があり、農産物の増産（森林を伐採し、耕地面積を広げたため）が起きたことは、さきほど述べました。同時に都市では職人階級が大きく発展し、売ったり交換したりする製品の量が増大しました。そのため生産物を取引する交流地点が一か所に集まり、またその数が増えることで、〈定期市〉が生まれたのです！

定期市はヨーロッパじゅうで開かれました。十二、十三世紀に最も人が集まった有名な市はシャンパーニュの大市で、プロヴァン、ラグニー、トロワ、バル・シュル・オーブを年間を通して順回しました。

〈国際市〉だったのですか。

もちろんです。きっとご存じのように、他国へ行って物品を買うにはその国の貨幣がなければならず、〈両替〉が必要でしょう（ユーロ導入以前にはヨーロッパ共通の通貨はほとんどなく、国が変わればおのずと貨幣も変わりました）。中世には貨幣は同じ国内でも場所によってすっかり異なっていて、そのため定期市の活動のひとつは金銭の商いに熟達した専門商人が行う両替でした。中世末期には、人より幸運で抜け目のない両替商の一部が〈銀行家《バンキエ》〉になりました。こうよばれるのは、彼らがはじめは台《バンク》の上で闇取引をしていたからです！　もちろんのちには未来の銀行になる建物を建てましたが。

しかし中世の貨幣の種類がきわめて多かったことが、この時代の経済発展の足かせのひとつだったでしょう。

中世の人びとは頻繁に旅をしたにもかかわらず、ですね。

もちろんです。捨て去るべき古い考え方がかなり広まっていますが、それとは反対に、農奴はめったに土地〈耕地〉にしばりつけられてなどいませんでした。とはいえ、とりわけ荘園では領主によって農民に課せられた地代——正確に言うと〈賦課租《ふかそ》〉——は重いものでした。だから農奴はよりよい暮らしはないものかと、なんとかよその土地を見に行こうとしました。しかしこの理由以上に、さきほど述べたように、中世の男女は豊かでなくても、別の荘園か都市（都市では利益が得られ、もっとよい生活ができると考えられていました）に移る、定期市へ行く、巡礼地にもうでるなどの理由で、しばしば路上にありました。

男も女も〈移動する人〉であり、動き回りました。修道士と修道女は修道院に閉じこもっていましたが、それ以外の聖職者は一般信徒以上に移動しました。キリスト教は信徒に、人は地上の旅人（ラテン語で *homo viator*）、旅人とは道の途中の人、と教えたから、なおさら人びとは移動したのかもしれません。「人は地上の旅人」という考えが中世ほど真実であった時代はなかったのです。

貧者たち。飢饉、病気、伝染病

十一、十二、十三世紀に起きた〈進歩〉の話が何度も出ました。でもわたしたちの頭のなかには、中世の貧者のイメージがあります。それは間違っていますか。

残念ながら間違いではありません。中世の都市は貧しい人びとであふれており、貧困が本書の冒頭で〈悪しき〉中世とよんだ暗黒のひとつであるのはたしかなのです。

中世には飢えで死ぬことはありましたか。

はい。農耕と食品供給業の進歩にもかかわらず、食生活は金持ちと貧者、領主と農奴のあいだで非常に不平等な水準にとどまりました。飢饉はしばしば都市を襲い、都市と同様貧しい人びとのいた農村でもめずらしくありませんでした。飢饉は十三世紀に減少しましたが、十四世紀にはふたたび増加しました。飢えた者、貧しい者に食べ物を与えるのが教会の義務のひとつになりました。その義務はまっさきに聖職者に課せられましたが、領主の、裕福な者の、そして忘れてならないことに、王の義務でもありました。中世が慈善や連帯によって対処しようとしたのは、とりわけ食事の分野でした。「慈善 charité」のもとになった、聖職者たちの使うラテン語 *caritas* の伝統的な意味は、〈愛〉なのです〔日本語にもなっている「チャリティ（慈善）」は、ラテン語の「カリタス」に由来しています〕。

〈乞食〉がたくさんいましたか。

たくさんいました。乞食（托鉢《たくはつ》）の数が多くなるほど、物乞いへの軽蔑は和らぎました。乞食だったかもしれないイエスのイメージは、中世にあってとても存在感のあるものでした。十三世紀、前述した新しい宗教者たち（二〇〇―二〇二頁）、すなわちドミニコ会とフランシスコ会が都市に出現したとき、人びとは〈托鉢修道会〉と名づけましたが、当時、その名はたいてい、称賛として受けとられたのです。

病人はどうしましたか。治療方法は？

病人と接する方法は複雑です。長いあいだ（中世も、以後も）、人びとは病人を民間療法（すなわち魔術――しぐさ、呪文、飲物、〈媚薬〉、治癒力があると考えられていたバルサム）で治療していました。キリスト教化していない地方では、治療を行う男女は魔術師か魔女とみなされました。キリスト教の土地では魔術は禁じられていましたが（後述します）、公式見解で言えば、神が（力をではなく）知識を授けた、キリスト教徒の〈治療師〉がいました。ごく裕福な人びと（領主と都市住民）は、しばしばユダヤ人医師による治療を受けました。ユダヤ人のあいだでは、より学問的な医学が古代から継承されていたからです。しかし医学は十三世紀以降、大きな進歩を遂げ、大学で医学教育がはじまりました。パリ大学にも医学部がありましたが、この分野での中世最大の大学はモンペリエ大学でした。

まだ病院はなかったのですか。

ありました。この時代（十三世紀）を通じて、教会、とりわけいくつかの修道会が「神の館《オテル・デュー》」とよばれた最初の病院を創設しました。いまではおもに二つの都市、ブルゴーニュのボーヌ（十五世紀の創設）とイタリアのシエナに残っているのを見ることができます。パリにも「神の館」の名をもつ病院がシテ島にあって、いまもりっぱに運営をつづけていますが、現在の建物は中世ではなく、十九世紀のものです。

中世の〈一大疾患〉は何ですか。

十四世紀まで、広範に発生して恐れられていた病気がありました。レプラです。都市ではレプラ患者を収容する特別な病院「ハンセン病療養所」がつくられ、マグダラの聖女マリア《マリー・マドレーヌ》の守護下におかれました——そこから「マドレーヌ街」（たとえばパリやリール）の名は来ています。レプラは伝染すると考えられていたので、屋外ではレプラ患者は特殊な音のする〈鳴子〉を揺すって歩かなければなりませんでした。おそらく食事と皮膚の手当てが向上した結果、十四世紀にはレプラはほとんど収まりました。

その頃、強い伝染性をもつ恐ろしい病気、黒死病《ペスト・ノワール》が広がりました（おもに十四世紀のヨーロッパで流行）。黒死病は東方のクリミア（黒海の北岸の半島）からジェノヴァの船員たちによってもたらされ、不規則な再発をくりかえしながらキリスト教国全域に広まりました。一三四八から四九年の最初の大規模な感染は、キリスト教徒に打撃を与えました。一族全員や修道院全体の消滅を引き起こすほどのものだったのです。人びとは治療法を探りましたが、黒死病にかかった人を隔離し、病人と接触する人を避けることしかできませんでした。都市の住民は、黒死病と闘うための諸規定に従いました。

食糧事情の悪さがしばしば、赤痢に感染する原因になりました。この病気にかかると新生児や幼児には死もめずらしくなかったのです。聖王ルイは一二七〇年、チュニスを目前にして黒死病で命を落としたと聞いているかもしれませんが、間違いです。王は赤痢（あるいはチフス）で亡くなったのです。

第五章　権力者たち——王、教皇、皇帝

王の話はまだでしたね。

これまで話してきた封建制度では、ほぼすべての権力は領主たちが掌握していましたが、彼らの上にさらに権力をもった者がいて、とくに十三世紀以降は権力の大部分を一手に収めました。それが王です。

王の出現は西洋（ご存じのように、ローマあるいはヨーロッパから見て〈日の昇るところ〉＝東洋《オリエント》が東、日の落ちるところ＝西洋《オクシデント》が世界の〈西〉の部分です）ではまったく新しいことでした。ヨーロッパにおける王国の起源は、五世紀から六世紀にさかのぼります。たとえばフランク人は王を有し、いちばん有名なのはクロヴィスでした。ゴート人の王のなかでは、イタリアのラヴェンナに都をおいたテオドリックが有名です。王は国事に従事する重臣たちにとり巻かれていて、彼らは今日の〈上級

公務員〉でした。

どのようにして王になるのですか。

二つの方法があります。選挙か出生です。たとえば〈カペー朝〉の初代の王、ユーグ・カペーは九八七年に同輩衆（同等の領主たち）による選挙で選ばれました。しかし王位の継承はたいてい出生により保証されるようになったことから、王朝（あるいは王家）が形成され、一般に王位の後継者は王の長男でした。たとえばフランスでは、十世紀以降はカペー朝であり、十四世紀のフィリップ六世からはヴァロワ朝でした。いくつかの王国では女性は〈王〉になることができず、女王の立場はたんなる名誉職のようなもので、王の母か妻であるという影響力しかもちませんでした。

しかし王もまた教会で〈聖別〉される必要があったのでは。

たしかに王も聖別される必要があったのですが、ローマ帝国皇帝との違いに気をつけてください。ローマ皇帝は礼拝の対象になり、一種の神か半神のように崇拝されたのにたいして、王は信仰の対象ではありませんでした。とはいえ、〈王の機能〉にも神聖な性格があり、即位にあたり宗教的な式典を行うことで王の神聖性を認めさせた王もいました。実際、フランスの王はクロヴィスの受洗を記念するランス大聖堂で聖別式を行い、イギリスの王はロンドンのウェストミンスター大聖堂で聖別されました。

皇帝と王にはどんな違いがあるのですか。

ローマ皇帝と王の唯一の違いは、王は王国ごとにひとりずついたこと、すなわち同時に複数の王がいたことです。ローマ皇帝はローマ帝国をただひとりの頂点として治め、皇帝は生まれか、兵士たちの推挙によって選ばれました。ローマ皇帝のイメージは、中世になっても、強く残っていました。

まさにそのことです！　シャルルマーニュ帝は、新たなローマ皇帝になろうとはしなかったのですか。

フランク人の王カール、のちのシャルルマーニュ帝（カール大帝）、ラテン語でカロルス・マグヌスはキリスト教徒の最強の王になりました。自らめざすはローマ皇帝の栄光と領土の回復でした。アングロ＝サクソンの王たちだけが、シャルルマーニュの直接の影響の外にとどまりました。シャルルマーニュは、ローマの司教、すなわち〈教皇 pape〉＝〈父〉を頂点とする一種の君主制になっていた教会の支援を当てにすることができました。カールは教皇の加担によって、八〇〇年のクリスマスにローマ皇帝として聖別されました。この出来事は誇大視されてきましたが、それは正しくありません。たしかにシャルルマーニュは中世のあいだに伝説の人物になりましたが、彼の後継者たちはみずからを帝国皇帝と認めさせることはできませんでした。なぜでしょうか。おそらくシャルルマーニュの理想は未来でなく過去、古代にあったからです。シャルルマーニュはヨーロッパを真にヨーロッパたらしめるヴィジョンをもってはおらず、帝国として想定していた領土の外に、アングロ＝サクソン人を放置したのです。シャルルマーニュはなによりもフランク人の愛国者であって、〈フランク人の国〉と彼の征服地以外のことは、たいして考えようとはしませんでした。

キしかし公平に言って、シャルルマーニュは芸術と文学の偉大な保護者であり、キリスト教国じゅうから来た学者が彼をとり巻いていました。シャルルマーニュは自分に仕える家臣たちの教育を奨励しました……。十九世紀末、義務教育がはじまったとき、その起源はシャルルマーニュにあるとされたのを知っていますか。もちろん伝説にすぎませんが。

王を領主から区別したものは何ですか。

いちばんは王の標章物です。玉座、王冠、〈王笏《おうしゃく》〉という杖、しばしば〈裁きの手〉（柄の先に取り付けられた、開いた手の模型）などです——裁きは王の特権のひとつで、教会と王権に帰属した機能でした。王はふつうかなり小さな領土、〈王領〉を直接統治し、そこでは王が主権者でした。間接的には領主たちの領土の上に君臨し、〈封主〉として支配しました。平和の維持に努めることも王の特権でした。

王にはすでに宮廷があったのですか。

いいえ、しかし十三世紀以降、とくに十四世紀から、フランスでは王のまわりには君主制の王国——今日〈国家〉とよばれる最高公権力の起源にあるものです——

の建設を助ける者たちがいました。中世に生まれつつあった国家では、王とはなによりも廷臣に囲まれた栄光の頂点の座でした。たとえばカスティーリャのフェルディナンド一世大王（在位一〇三五―六五）、フランスのルイ七世（在位一一三七―八〇）、イギリスのヘンリー二世（在位一一五四―八九）などです。十三世紀以降、財政や司法などで王が助言を求める多様な会議がもたれました。しかし王国じゅうに広がる官庁と〈行政〉をそなえた政府といったものを想像しないでください。

王は現実に統治していましたか。

王は国内の公務にあたることを期待されていましたが、王国が安定した制度（法律、税金、議会、役人）をそなえた国家になるには、長い時間がかかりました。八世紀には王たちは職務を果たさないと考えられはじめ（宮宰に実権を握られていたため）、〈無為王〉とよばれました。フランスではこれを口実に、シャルルマーニュの父、小ピピン（ピピン短軀王）を長とする新しい王朝の者たちが、前王朝であるメロヴィング朝（メロヴィクスというフランク人の長の名に由来）を廃したのです。そしてカロリング朝がとって代わりました。

中世の王は軍隊をもっていましたか。

はい。王は〈軍の長〉でした。王の軍隊は春、戦争のたびに編成されるのが常でした。軍隊は、王領出身の兵と、王が〈給金《ソルド》〉を支払う外国の傭兵からなっていました。しかし非常時には、王は国全体から徴兵した、いわゆる〈国民〉軍を指揮しました。十三世紀はじめの一二一四年、フィリップ二世が指揮したブーヴィーヌの戦いはその例です。フランスの王が常備軍を編成したのは、十五世紀になってからでした。

パリという都市は、どのようにして王の都、フランク人の首都になったのですか。

王はできるだけ都市に住もうとする傾向があり、王の住む都市は王国の〈頭〉、すなわち首都 capitale（ラテン語の *caput*〈頭〉に由来）とみなされました。フランスではクロヴィスがパリを首都としましたが、長くはつづきませんでした。また、シャルルマーニュ帝はドイツの都市エクス＝ラ＝シャペル〔現アーヘン〕に首都を築きましたが、帝の死後はやはり首都ではなくなりました。反対に、ロンドンは十一世紀のウィリアム征服王以来、イギリスの首都でした。フランスの首都は長いあいだパリとオルレアンのあいだで揺れたすえ、十二世紀から十五世紀まではパリが首都でしたが、その後は十六世紀のわずかな期間をのぞいて首都ではなくなりました。ルイ十四世が十七世紀後半に都をおいたのも、じつはパリ近郊のヴェルサイユだったのです。

スペインではカスティーリャ家の王たちが何度も遷都しました。十一世紀末には、ムスリムから取り返したトレドが首都になりました。スペイン人がマドリッドを建設して確定的な首都としたのは十六世紀になってからです。

イタリアには首都はおかれませんでした。教皇庁がほとんどの期間ローマにあったからです。ドイツにも首都はなかったのですが、十二世紀以降、ドイツの選帝侯がフランクフルトで皇帝を選出しました。

王の上で、王より重きをなす教皇と皇帝がたえずいがみあっていたという印象をもっているのですが。

そうです。社会の頂点に教皇と皇帝がいて、論理的にはこの二人が他のだれよりも権力を有していました。教皇は教会の頂点に君臨し、まるで帝王のようで、真に教会の長でした。皇帝は現実の独裁者というよりは、名誉職的〈頭《かしら》〉でした。皇帝は論理的には王や君主や都市のうえにいましたが、服従の関係はほとんどなく、十世紀以降、皇帝の権威はゲルマン人の神聖ローマ帝国、すなわちドイツとイタリア以外にはもう届きませんでした。

なぜ教皇と皇帝は争ったのですか。

〈年代記〉（時代順に事件を語った物語）は、とくに司教の任命をめぐる、教皇と皇帝のけんかの記述にこと欠きません。しかしこうした争いの裏には、社会発展に実際に影響をおよぼした歴史の真実が隠されているのです。こうした出来事は、むしろ舞台裏——君主制下の荘園や都市——で起きていました。一三一三年、ハインリヒ七世がピサで没したのちは、皇帝はもはやドイツでしか権威を維持できなくなります。教皇は、前任の教皇が任命した枢機卿《すうききょう》たちからなる教皇選挙会議〈コンクラーヴェ〉によって選出されました。皇帝はドイツの〈選帝侯〉たちが選びました。

第六章　宗教とひとつのヨーロッパ――キリスト教、異端とユダヤ人、十字軍

キリスト教

中世にはヨーロッパのすべての国がキリスト教国であり、キリスト教徒の長である教皇がローマにいました。人びとはすでにこの一体性を意識していましたか。

十一世紀頃以降、キリスト教徒はキリストが死んで復活した〈聖地〉パレスチナをとり戻すため、ムスリムにたいする共同の遠征軍を組織しました。これが十字軍です（遠征は一〇九五年から、パレスチナでのキリスト教徒の最後の砦、サン＝ジャン＝ダクルが陥落した一二九一年まで行われました）。中世の男女は同じ組織、信仰、習慣のまとまり、すなわちキリスト教会に属しているという感覚をもっていました。だからわたしたちはキリスト教を理解することが大切なのです。他の二つの〈一神

教〉(全能の唯一神を信じる宗教です)を信じるユダヤ教徒とムスリムとは異なり、キリスト教徒の場合は地上の権力を、教会(教権)と世俗の長たち(世上権)、すなわち教皇と王・皇帝が分けもっていました。

なぜキリスト教徒は教権と世上権を区別できたのですか。

キリスト教徒の聖書である福音書の中で、神のものは神に、カエサル、すなわち俗界の長のもの(国の政府、軍隊、税金など)はカエサルに、とイエスが言っているからです。この区別があったから、キリスト教から発しているヨーロッパ人は、すべての権力を神と聖職者に与えること、いわゆる〈神政政治〉の社会(神が支配する国)に生きることにはならなかったのです。十九世紀以降、ヨーロッパ人は、この分離のおかげで民主主義(民衆による政治)を築くことができたのでした。

中世の教会の権力はどのようなものでしたか。

強力なものでした。教会はキリスト教徒全員に重い税を課しました。ある種の事項、および裁判、とくに婚姻にかんする事項は、教会裁判所(判事は司教が任命した聖職者）に託されました。さらに重大なのは、キリスト教徒の王や権力者が教会、すなわち神に服従しないとみなされたとき、教皇は彼を〈破門〉、つまり教会から追放し、その臣民が秘跡にあずかるのを禁ずることもできました。破門された者はもはや教会で、洗礼も聖体拝領も罪の赦しも結婚式も終油《しゅうゆ》（死の間際の者に授ける秘跡）も受けられなくなり、それは動揺せずにいられない措置でした。中世のほとんど全員が信仰をもっていたのですから。

〈よき〉キリスト教徒であるためには？

神、キリスト、イエス、聖母……何人も出てきますね。中世に信じられていた神とは？

人びとは三つの位格《ペルソナ》――三人の人物《ペルソンヌ》と言ってよいでしょう――からなる唯一の神、〈三位一体《さんみいったい》〉を信じていました。父なる神、神の子（イエス・キリスト）、聖霊です。キリスト教徒は願いに応じて、それぞれに加護を求めました。神は少し遠くにいる一種の総指揮官であり、厳しい裁き手でした。反対にイエスはだれよりも何でも話せる打ち明け相手でした。聖霊は信心、信仰心、精神を、個人と信徒団体《コンフレリ》に与えました。それらによって信徒は、救済、すなわち来世での永遠のいのちに至ることができるのです。

〈秘跡〉は、すでに触れたように、信徒にとって教会に属するしるしです。秘跡のなかで洗礼がいちばん重要なのは、洗礼を受けることでキリスト教徒になり、それにより救済に至ることができたからです。

何によって人は〈よき〉キリスト教徒になるとされましたか。

よきキリスト教徒はいくつかの行いを実行しなければなりませんでした。毎日神に祈り、年に一度は聖体を拝領する、すなわち聖パン《ホスチア》（ミサのあいだに司祭によって聖別されたパン）のかたちでキリストのからだを受ける、教会が子どもにたいして行う宗教教育で、〈公教要理《カテキズム》〉として教える、教会の定めた〈罪〉をおかすことは総じて控えるなどです。まさに〈罪〉にかんしては十三世紀以降、ひとつの秘跡が特別に重要になったことを強調したいと思います。少なくとも年に一回、キリスト教徒は神の代理人である司祭に罪と過ちを告白し、例外的な場合（罪が大きすぎると思われるとき）以外は、告解者は告解の終わりに罪の赦し、すなわち犯した罪の消滅を得ました。教会が信徒に示す目的とは、救済、すなわち天国における永遠のいのちであり、それは過ちが消えることで可能になりました。

しかしながら告解をせずに死んだ者、あるいは大きすぎて赦されることのできない罪を犯した者は、最後の審判で神によって地獄へ投げ込まれ、魔王《サタン》と悪魔《デーモン》たちに拷問されるのです。

最後の審判を描いた絵では、聖職者、とくに司教や修道士も地獄に投げ込まれています。

もちろんです。悪魔はすべての人間を、聖職者も一般信徒も、大罪に陥らせることができました。キリスト教徒は一生のあいだ、聖職者であれ、一般信徒であれ、悪魔を警戒し、悪魔と闘わねばなりませんでした（悪魔はデーモンともディアブルともいいますが、同じものです）。なぜなら悪魔はキリスト教徒を罪に引きずりこみ、地獄送りの刑を宣告される〈地獄に堕ちる者〉にしようとするからです。中世の男女の目には悪魔は大きな敵であり、その意味で悪魔もこの時代の〈重要人物〉だったと言わねばなりません。

死後は地獄か天国なのですか。その二つのあいだに第三の場所はないのですか。

あります。十二世紀末になると、教会は、個人の死と最後の審判のあいだに位置する期間として、死ぬまえに自分の罪を完全に〈取り除く《ピュルジェ》〉ことをしなかったキリスト教徒が待機する場所を設定しました。彼らはそこで、地獄の苦しみに多少似ている煉獄特有の苦しみによって罪をすっかり〈取り除く〉のであり、地上に残った親族や友人による祈り、施し、ミサ、あるいは教会のおかげで、そこから解放されることも可能でした。これが〈煉獄《ピュルガトワール》〉です。

さきほど、イエスは中世の人びとのいちばんの〈打ち明け相手〉だと言い、また聖母の重要性も強調されましたね。

そうです。だいたい十一世紀頃から、キリスト教全体で二つの形態の信心がとくに重要になりました。神の子イエス・キリストへの信仰は、イエスの地上での苦しみ、とくに十字架上の苦難への信心というかたちで表現されました。——イエスの受難への信心は、イエス・キリストの表象である十字架上のイエス像の前で悔い改めの祈りを捧げることで示されたのです。
もうひとつの重要な信心は、キリストの母、聖母マリアに捧げられた礼拝です。キリスト教の信仰によれば、聖母は原罪によって汚されることなく生まれ、ゆえにすべての人間の男女とはちがって、亡きあとは直接に天へと昇られました。聖母マリアは人気があり、人びとは熱心な祈りを捧げました。聖母マリアが罪人や病人のとりなしをすると、息子イエスはよく聞き入れてくださると、信徒が信じたのですから、キリスト教徒の民衆が聖母を一種の神的な場へと挙げたのだとみなすこともできます。教会は、聖母マリアが三位一体につづく〈第四の位格《ペルソナ》〉でありうるという観念を公式的には認めませんでした(こんなことを言ってだれも傷つけたくないのですが、デュマの『三銃士』で実際は銃士が四人いたことを少し思わせます……)。

「教会は……認めなかった」ということは、教会は人びとの生活に介入しようとしたのですか。

はい。〈教会〉というとき、たしかにすべてのキリスト教徒がそこに含まれますが、この語はしばしばもっと狭い意味でも使われ、もっぱら教皇、枢機卿(教皇の一種の〈廷臣〉、司教、司祭（とくに教区をつかさどる〈主任司祭〉）の〈階層《ヒエラルキー》〉を表します。あなたの質問に答えるなら、最上位の教皇から最下位の主任司祭まで、という階層が中世の男女の宗教生活を動かし、管理していたのです。教会は人びとにたえずおこたりなく神に祈り、秘跡にあずかり、教会暦にのっとった宗教上の祝日に参加するよう求めました。

三大祝日はクリスマス、復活祭、聖霊降臨祭でした。しかし教会の要求は、さらに多岐にわたりました。少なくとも日曜日にはミサに行き、その日は休息する義務がありました（旧約聖書に、神は世界と人間をつくられたあと、第七の日に安息された、とあることから、ユダヤ教では安息日は土曜日です。イスラムでは金曜日が休日ですが、スペインと、十三世紀にスペインから分離したポルトガル以外には、ヨーロッパにムスリムはほとんどいませんでした。キリスト教徒はこの「第七の日に安息」を、キリストの復活を記念して日曜日に移動させましたが〔キリストの復活は安息日の翌日だった〕、本来、日曜日は一週間の最初の日なのです）。

キリスト教徒に課せられたもうひとつの義務に、決められた時期の〈大斎〉（ほとんど食べないか、量を減らす）と〈小斎〉（肉食を断つ）があります。金曜日、〈四《し》句節《じゅんせつ》〉（十字架にかけられたキリストの、地上での死からの復活を記念するのが復活祭で、その前の四十日間が〈四旬節〉とよばれます）などがこれにあたります。典礼（教会の礼拝、儀式、祈り）に参加して宗教上の祭日を祝うことが、多かれ少なかれ義務でした。

異端とユダヤ人

もし従わなかったら。

一時的な不服従と根の深い不一致、ないし公然たる拒否とは区別しなければなりません。一時的に従わない者、すなわち告解をおこたった者、破門（さきほど述べました）された者ならば、すみやかに悔い改めが科せられることもありえました。しかしそうではない、明らかな不服従は、教会によってきびしく糾弾され、しばしば一般信徒の力をかりて取り締まられました。

この不服従は〈異端〉とよばれ、中世のキリスト教内部の大きな敵でした。十三世紀、教会は異端者を追及して裁きを下すための特別な裁判を設置しました。〈異端審問〉の誕生です。この裁判によって有罪を宣告された者は、〈世俗裁判権《ブラ・セキュリエ》〉、すなわち俗権の〈警察〉に引き渡され、彼らによって終身刑なり火刑なりの判決が実行されました。

異端はヨーロッパじゅうにいたのですか。

そうですが、十三世紀から十四世紀のドイツ、フランス南部、北イタリアでとくに多かったのです。これらの地域ではたびたび異端として有罪判決が下され、火刑が頻発しました。最も有名なのは〈カタリ派〉で、みなさんも耳にしたことがあるでしょう。〈カタリ〉とは〈清浄なもの〉という意味です。カタリ派はフランス南西部のトゥールーズ地方、アルビなどに共同体をつくりました。彼らは自分たちだけが罪を免れており、〈不浄なもの〉である一般信徒の罪は教会では清められないと考えていました。教会はフランス南部の異端派にたいし、十三世紀はじめにアルビジョワ十字軍を送りました（カタリ派のモンセギュール城は陥落し、城を防衛した者たちは火刑に処されましたが、城は残って有名になっています）。

中世にはユダヤ人も迫害されたのですか。

ユダヤ人への迫害はあったものの、異端とはちがいます。異端の出現以来、教会は異端者に絶対的な憎悪を示しましたが、ユダヤ人にたいしては長期にわたってもっと含みのある態度を守りました。ユダヤ人は古代にローマ人に征服されて追放され、紀元二世紀以降、パレスチナの地を離れなければならなかったゆえに、キリスト教国に多数存在しました。ユダヤ人はイエスを救世主《キリスト》、すなわち神の子とみなすことを拒否して、教会には従わず、キリスト教の信仰を共有しませんでした。しかしユダヤ人はキリスト教国にあって、完全に無縁な集団というわけではありませんでした。現実にキリスト教はユダヤ教から生まれ、イエスはユダヤ人だったのですから。それゆえユダヤ人は、敵というよりはむしろ時代遅れの人びとと見なされていました。

しかし中世にユダヤ人は大事にされませんでした！

そのとおりです。キリスト教が発展するにつれてユダヤ人はますます排除され、反ユダヤ主義――ユダヤ人全体にたいする憎悪――の初期段階である反《アンチ》ユダヤ教主義《ジュダイスム》が広まりました。それでも、教会とキリスト教徒が本格的にユダヤ人を攻撃するようになったのは十字軍以降でした。当時、人びとはイエスの磔刑《たっけい》はユダヤ人に罪があるとし、ユダヤ人を〈神殺し〉、〈神の殺害者〉として告発したのです。十二世紀以降、人びとはいくつかの罪をユダヤ人のせいにしましたが、完全なぬれぎぬです。たとえば聖パン《ホスチア》を冒瀆する（聖化されキリストのからだになった聖なるパンを穢す）、キリスト教徒の幼児を殺害するなどです。結果として民衆によるユダヤ人集団虐殺〈ポグロム〉が起きました。王や教皇はむしろユダヤ人を保護する傾向にありましたが、ユダヤ人の自由やその勢力は制限しました。たとえばユダヤ人は、農業その他の職業を禁じられたため、しばしば金貸しや金に貪欲な人間になるようしいられ、それがキリスト教徒のユダヤ人にたいするいっそうの憎悪をあおりました。

ユダヤ人は国外追放になることもありましたか。

ユダヤ人にたいする態度は、時期によってさまざまでした。しかし実際には、いくつかの王国がポグロムとはべつに、追放という手段をとりました。十三世紀のイギリス、十四世紀のフランス、十五世紀末のスペインの場合がそうです。反ユダヤ教主義は、異端審問とそれがもたらした抑圧とともに、中世の大きな過ちです。

十字軍

ほめられないどころか、非難されるべき過ちが他にもないですか。十字軍はどうですか。

はい、わたしも、現代の大多数の人びとも、同意見です。イエスや新約聖書（福音書）が教えるようなキリスト教は、平和的な宗教でした。多くの原始キリスト教徒が戦争に行くのを拒んだゆえに、ローマ人によって迫害されたのです。しかしローマ人がキリスト教徒になるにつれて、異民族《バルバル》が彼らの戦争の風習をキリスト教にもちこみました。人びとは、信仰は宣教や預言ではなく力によって強制できる、場合によってはそうすべきである、と考えるようになりました。ムスリムの例もあります。彼らは九世紀にスペインを征服しましたが、イスラムの聖典コーランはいくつかの節のなかで、改宗させるためには戦いという手段に訴えることができると教えています。それが〈聖戦《ジハード》〉の軍事上の原則です。キリスト教ヨーロッパ自体も、十一世紀以降の宗教戦争で、敵方を改宗させあいました。

十字軍の目的は、イエスの生きた土地である聖地の奪回ですか。

そのとおりですが、教会はすでに十字軍以前から、ムスリムに武力で征服されたスペインを、武力で取りかえすことを望んでいました。これが国土回復運動《レコンキスタ》です。つづいてキリスト教徒はパレスチナ、とりわけキリストの聖墓のあるエルサレムを自分たちのものにしたいと願うようになりました（ある時期のムスリムの長たちは、キリスト教徒が聖地巡礼に来て、彼らがキリストの〈聖墓〉とよぶものにもうでることを禁じました）。

十一世紀末、教皇庁は、キリスト教共同体の〈頭＝頂点〉という自分たちの地位を決定的なものにし、またキリスト教徒同士の戦いや殺しあいをなくしたいと願って、キリスト教徒の大遠征を説きはじめました。これが第一回〈十字軍〉です。教皇庁は多くのキリスト教徒をパレスチナへと駆り立てました。彼らは二つの目的、すなわち信仰の務め、および略奪と征服への欲望によって、十字軍に引きつけられましたが、この二つを明確に区別するのはむずかしいのです。

それでもキリスト教徒は、エルサレムを手に入れるという目的を達成しました……。

そうです。一〇九五年に教皇がよびかけた第一回十字軍は、途上でのおびただしい略奪と殺戮によって歴史に刻印されています。一〇九九年、ついに血の池のなかでエルサレム攻略が成功しました。しかし、聖地にキリスト教国を建設したキリスト教徒にたいし、その後、ムスリムが大規模な反撃軍を投じました。合計七回の十字軍が組織され、フランスのフィリップ二世、イギリスのリチャード一世などの王、あるいはフリードリヒ一世（赤ひげ王）やフリードリヒ二世などの神聖ローマ皇帝も十字軍を率いて遠征しました。ルイ九世（聖王ルイ）は十三世紀に二度、エジプトとチュニジアへの十字軍を率いましたが、一二七〇年に、チュニスを目前にして、赤痢で亡くなりました。

キリスト教徒はパレスチナですでに何度も敗北を喫していましたが、十二世紀、クルド人のムスリムのスルタン、サラディンに大敗しました。一二九一年、キリスト教徒は最後の砦、サン゠ジャン゠ダクルを放棄しなければなりませんでした。それ以降、十字軍はキリスト教徒のはかない夢となりました。

十字軍の最終的な評価はよくない……。

とにかく十字軍はよいものをなにひとつ残さなかったのですよ！　十字軍は資金、人員両面で多大な負担をもたらし、またイスラムの人びとに今日までつづく激しい恨みを残したのです。

第七章　中世の宗教的想像界――天使と悪魔、聖人と聖女、驚異、ドラゴンと妖精

ここまでの話からは、中世の人びとはいつも宗教と宗教的イメージのなかで生きていたという印象を受けます。

はい、そのとおりです。中世のキリスト教では、人びとはたやすく来世への信仰にすがりました。神と超自然的な人物が、日常生活のなかにたしかに存在していました。キリスト教は人びとの想像力を強く揺さぶり、キリスト教固有の〈想像界《イマジネール》〉、すなわち長いあいだヨーロッパに影響を与えたイメージとシンボルを生み出しました。とくに人びとは、天には神と聖母マリアだけでなく、よき霊、悪しき霊などの超自然的な存在がいると考えていました。

天使と悪魔

聖人のことを言っているのですか。

いいえ、天にいる聖人はすべて正しき人びとであり、男か女の姿をとどめています。わたしが言っているのは、よき天使と悪しき天使のことです。旧約聖書の巻頭で語られた天地創造、そして最初の人間であるアダムとエヴァの創造のとき、絶対的に純粋な奉仕者、天使だけが神をとり巻いていました。その清浄さは白く輝く衣に象徴されています。つづいて人間が罪〈原罪〉とよばれます）に落ちる一方で、天使のなかでもいちばんすぐれた堕天使《ルチフエル》〈光をもたらす者〉に率いられた一部の天使が神に反逆します。彼らは天から地獄へと追放されます。この時から天はよき天使で、地獄は悪しき悪魔《デーモン》で満たされました。人びとは、天使と悪魔はしばしば地上に来ると考えていました。天使は人間が罪と闘うのを助け、さらに神はそれぞれの人間に守護天使を与えました。天にいるよき天使のなかには、〈座天使〉〈主天使〉〈能天使〉のような、他よりすぐれた天使がいました。また〈ミカエル〉〈ガブリエル〉〈ラファエル〉のような〈大天使〉もいました。中世の神学者、すなわちキリスト教と神的事象専門の学者は天使を分類し、天使の序列を作成し、それがつぎには地上の人間の階層と身分のモデルになりました。悪魔の長である魔王《サタン》は、福音書では、イエスを罪に落とすために誘惑する者として描かれています。中世に魔王《サタン》は〈悪魔《ディアブル》〉とよばれました。

悪魔《デーモン》の役割は何ですか。

悪魔《デーモン》は人間を誘惑して罪に引きずりこむために地上に降りてきました。中世の想像界では、悪魔《デーモン》はとくに女性に働きかけます。なぜなら女性は超自然的世界のなかに、男性との平等をすすめるための味方（娘たちも若者とまったく同様に守護天使をもちました）と、女性が多少なりとも劣った条件におとしめられていることを正当化する敵とを、ともに見出していたからです。

どうして日常生活で天使と悪魔がそんなに重要になったのか、よくわかりません。

天の大きな竜巻に巻き込まれて、救ってくださる天使と憎むべき悪魔のあいだで必死にもがく中世の男女を想像してください。今日のSF映画かアニメの中で、地球の外から来た架空の者たちに助けられたり攻撃されたりしている人間を思いうかべてみればよいでしょう。

中世の人びとが恐れていたもののせいでそうなったのですか。

人びとが悪魔を恐れる気持ちは大きく、それ以上に恐れていたのは地獄でした。しかしながら中世の人びとは、祈りゆえの歓びと幸福も知っていました。それに地上的な楽しみに目をつぶりませんでした。一方で人びとは、自然、とくに森林や海には恐怖を抱いていました。

聖女と聖人

天使と悪魔でいっぱいのこの世界に、聖人・聖女は何をもたらしましたか。

聖人・聖女はキリスト教に独自なものです。聖人・聖女がどのように誕生したかですか？　ある男女はその並みはずれた信心と隣人愛に満ちた行動で、天使と人間をつなぐある種の地位に至ると考えられました。彼らの信心が実を結び、その徳が報いられるよう、神は聖人を、人間にたいする神のメッセージを伝える者にしました。とりわけ、治療が不可能と判断された病気を超自然的に治し、あるいは絶望的な状況、すなわち船の難破や火事などのあらゆる種類の不幸にあって、奇跡をなす者にしたのです。聖人は神とのあいだで、人びとに好意的で恵み深いとりなしをしてくれると考えられていました。それゆえ人びとは聖人を信仰の対象にし、礼拝し、祈りを捧げました……。しかし聖人の徳、その力は、聖人自身から発するのではありません。聖人は神に遣わされた者にすぎないのです。神だけが奇跡をなすのであって、キリスト教徒は聖人を神格化してはなりませんでした。信徒が聖人に捧げる崇拝、聖人への敬愛は、神への崇拝にはおよばないものとされました。

しかし人びとにとっては、奇跡を起こすのは聖人だったのでしょう。

ええ、でも聖人の奇跡は、なによりも、自然の掟を破ることもできる神の力を表すものでした。中世（今日もなお）のキリスト教徒にとって、自然を創造し、掟をつくったのは神自身だったので、神が奇跡の数と頻度を制限していると考えられていました。でもあなたの言うとおりです。人びとが神を忘れたまま聖人の力を求めることもありえました。教会は十三世紀、奇跡を起こすのも、その数を定めるのも神であることを再確認するために、聖人・聖女は異教徒の魔術師とはちがって、死後にしか奇跡を起こさないと決定しました。教会は奇跡を聖人の墓の周辺にとどめましたが、まもなく〈開放〉しました。聖人に加護を求めた人の祈りを神が聞きとどけようとしたのであれば、どこであれ、聖人は奇跡を起こすことができるようになりました。

よく知られた聖人たちがいますよね。

そうですね。聖人が神へととりなす方法もまた、聖人のあいだに序列をつくることになりました。偉大な聖人はあらゆる種類の奇跡を起こすことができますが、べつの聖人は限られた場合のみ、とくにその墓の近くで奇跡を起こすのです。イエスをべつにすれば、聖母マリアだけがあらゆる奇跡を起こすことができ、そのことが聖母マリアの神性を強めました。

キリスト教の驚異

天使と悪魔、聖人、超自然的存在が想像界に満ちていたとすると、キリスト教徒と異教徒は何がちがっていたのですか。

とてもよい質問です。異教徒にたいする教会の態度はどうだったでしょうか。教会はとくに二つの方法で〈異教〉と闘いました。すなわち異教徒の神具(像、祭壇……)を破壊するか、それらを〈キリスト教化〉するかです。たとえば異教徒はしばしば樹木や泉を祀っていましたが、教会が伐り倒したため、異教徒が崇拝していた大樹の大半は消失しました。それは(まえに話したように)、不寛容の時代で、人びとは敵を容赦しなかったのです。異教の聖樹の最大の破壊者は、中世初期の最大の聖人のひとりでもありました。隣人愛の模範だったトゥールの聖マルティヌスです。彼は、おのれのマントを半分に裂き、一方をほとんど裸であった貧者に分け与えました。聖マルティヌスは、マントをそっくり貧者に与えるわけにはいかなかったのでしょうか。分け与えるのはある程度の隣人愛にすぎず、あげてしまうというそれ以上の行為があるのに！

泉はどうなったのですか。

泉は〈キリスト教化〉されました。異教徒の水は聖なる水ではないが、聖人が祝福したとたんに、恩恵をもたらす水に変わるとされました。だから聖人に捧げられた多くの聖堂は、キリスト教化された泉の近くに建てられたのです。それでも、異教的想像界は多くの面で、とりわけ魅力的なかたちをとった場合には生きのびました。だから中世の宇宙は、たとえば翼をもつドラゴンのような怪物でいっぱいでした。さらに中世のキリスト教徒は、聖人と並んで、特殊な超自然的能力と類《たぐい》まれな美しさに恵まれた女性を崇めました。メリュジーヌ〔人間と結婚した妖精。やがて蛇ないし竜の姿を見られ、飛び去っていく〕やヴィヴィアン〔アーサー王伝説に登場する「湖の淑女」とよばれる妖精。魔術師マーリンをとりこにする〕のような妖精です。小人と巨人もつよい印象を与え、そのなかには善人〔オレロン島の小人、巨人聖クリス

図版5　殉教した聖エティエンヌの遺体に獣が近づかないよう見まもる一角獣。「聖エティエンヌの壁布」部分（第5場面）。1500年頃。パリ、国立中世美術館（クリュニー）蔵。

トフォロス）もいれば、悪人もいました。

教会はどのように対応しましたか。

教会は、この異教的想像界、および〈はざま〉にいるこうした存在が完全な悪ともいえないとき、それらを表す言葉をみつけました。〈驚異《メルヴェイユ》〉です。驚異が奇跡におよばないことはたしかです。驚異には聖性も宗教性もありません。そのかわり、驚異は、超自然的現実という観念を秘めていて、たいていは目に見えないまま天使や悪魔の出現を引き起こしたりするのでした。

例を挙げてくださいませんか。

異教的想像界とキリスト教的想像界が似通ったものになりがちなことをよく示す驚異があります。一角獣です。古代の学者が考え出した、一本の長い角をもつ架空の動物です。ところが、キリスト教徒は一角獣にキリストに関連した力を与えました。一角獣は狩人から逃れる女性、半分異教徒で半分キリスト教徒の処女のシンボルになりました。パリのクリュニー美術館〔現・国立中世美術館〕を訪れたことのある人がいるでしょう。一角獣を迎える美しい女性を描いた十五世紀の壁掛け《タペストリー》「貴婦人と一角獣」を見ることができます。

第八章　文　化――芸術と文学、学問と教育、祝祭

中世の人びとはどのような文化、研究、学問を生み出しましたか。

キリスト教にとって、人間は――女性も！――知と美によって神を称えるべきものでした。とはいっても、この理想を伝えていたのはとくに聖職者であり、彼らにとって教育の場、芸術作品の制作が可能な場は、修道院と教会でした。そのため十三世紀まで修道院には〈写字室《スクリプトリウム》〉（ラテン語 *scribere*〈書く〉に由来）とよばれる特別な部屋があり、修道士はそこで祈禱書を作成し、修道士みずから、ときには装画家や画家がそれに装飾を施しました。修道士は古代の手稿の筆写もし、〈写字生〉と〈伝達者〉の役割を果たしました。

写本の頁の上部に描かれているのは細密画《ミニアチュール》ですか。

そうです。手稿の余白にはしばしば幻想的存在も描かれました。当時、芸術は、いわゆる「手工芸」である職人仕事と、中世末に本来の意味での芸術となる領域に属する美と知の創造との中間的状況にありました。一般に、イタリア人ジョットが芸術家とみなされる最初の画家だとされています。ジョットは十四世紀に聖フランシスコの町であるアッシジや、フィレンツェ、パドヴァ、ローマで制作しました。ジョットは世俗の人でした。実際、中世には学問と芸術は〈世俗化〉、つまり宗教の影響からしだいに脱したといえます。こうして十三世紀以降、学問と芸術活動は、修道院や教会から、聖職者の手を離れた場所と空間である都市に中心を移しました。

しかし中世の芸術を語るとき、やはり宗教的作品が主になります。

それは教会が、建築はさておき、当時の二大芸術であった彫刻と音楽——もちろんフレスコ画も——が発展したおもな場所でありつづけたからです。イーゼル上で描く油絵が出現したのは十五世紀です。

音楽もですか。

はい、中世は偉大な音楽の時代であり、リュート、一種のヴァイオリン、オルガンのような楽器が生まれ、発展しました。オルガンの外装の木製ケースが巨大化し、教会の中に階上廊ができるまでになりました。とはいえ、中世の主要な楽器は人間の声でありつづけます。新しい記譜法、音階、とくに合唱の新しい唱法〈ポリフォニー〉（ギリシア語の「多数の声」に由来）などが考案されました。十四世紀、音楽に〈新しい技法《アルス・ノヴァ》〉とよばれた様式が生まれ、近代化されました。

さきほど「円卓の騎士」について述べたように、物語《ロマン》も書かれていました。

文学は中世にもてはやされ、すばらしい〈文学作品〉が誕生しました。十二世紀から十三世紀にかけて、一群の史詩がしばしば匿名（作者不明）でつくられました。

それらは〈武勲詩〉であり、シャルルマーニュのような戦士の武勲を描いています（たとえば『ローランの歌』）。一方で〈騎士道恋愛物語《ロマン・クルトワ》〉では恋愛が大きな位置を占めました。偉大な作者には、シャンパーニュ生まれのクレチアン・ド・トロワ（十二世紀）がいます。アーサー王伝説を題材にした物語《ロマン》については、さきに述べました。しかし中世で最も偉大な作者・詩人は、イタリア人のダンテです。ダンテは十四世紀のはじめに長編叙事詩『神曲』を書きました。『神曲』は、古代ローマの偉大な詩人ウェルギリウスに導かれたイタリア人詩人の、彼岸への旅を描いています。地獄、煉獄を遍歴したのち、かつて恋人だった亡きベアトリーチェがウェルギリウスにかわって主人公を導き、天国にいたります。

演劇はどうですか。

キリスト教徒が演劇を異教徒のものと考えたため、演劇は中世の最初の数百年で衰滅しました。しかし十二世紀に修道院で再興し、とくに十三世紀になると、都市でも演じられるようになりました。フランスでは文学と演劇活動で名高い都市はアラスでした。南フランスの都市では〈オック語〉が話され（そこからこの地方を

「ラングドック」〔オック語〕というのです〕、トゥールーズは詩人や芸術家集団の中心地で、文学コンクール《ジュ・フロロー》を開催していました。

学問と教育

それで……中世の人びとは何を知っていましたか。何を教え、何を学んだのですか。

聖職者は古代ローマ人の学問分類をとりいれました。第一段階では三つの基礎学問、いわゆる〈自由〉学科〔*trivium*〈初等三科目〉、〈三叉路〉ともよばれました〕である文法、修辞学、論理学を教え、それから上級の四科〔*quadrivium*〈四つ辻〉〕である算術、幾何、音楽、天文学が続きました。

宗教的な学問ではないですね！

たしかにこれらは今日の学科同様、〈世俗〉分野であり、宗教的ではありません。それはそれとして、中世には宗教がつねに大きな位置を占めており、この分野でも進展がありました。聖職者は信心と祈りの活動に加えて、神とそのみわざについての学問を次第に深化させ発展させます。それが〈神学《テオロジー》〉とよばれるものです（ギリシア語の〈神についての学〉を意味する語から来ています）。

今日のような〈学校〉はありましたか。

今日と同じというわけではありませんが、〈初等〉〈中等〉教育が十二世紀以降、都市で発展しました。それでも教育は、一般的でも義務でもありませんでした！とりわけ女子の教育は、女子の学校があり、女性教師がいたとはいえ、非常に限られたものでした。子どもたちがいちばんに学んだのは読むことであり、教科書は典礼用詩篇、すなわち旧約聖書の詩篇（または〈祈禱書〉）でした。計算も習いました。十二世紀、ヨーロッパ人がインドで生まれた数学のゼロをアラブ人から借用したことで、計算法は大きく変化し、たやすくなりました。

学者や教師になるには？

十二世紀——大いなる知の世紀であり、神は知性もふくめ、みずからに似せて人間を創造されたと、教会は力を尽くして想起させます——、今日でいう〈高等教育〉がたゆまぬ発展をとげました。教育はまず教会と修道院（たとえばパリではサン・ヴィクトール修道院の大聖堂と教会）ではじまり、やがて、のちに〈大学 université〉という名をもつようになった特別な学校で行われました。その名は、大学（ラテン語の *universitas*〔全体、同業組合〕）では知の全分野が教えられるべきであることに由来しています。

大学はどのように組織されていましたか。

大学はふつう大きく三つに分かれていました。自由学科を学ぶ学部は、基礎学問を教えました。法学部は二つあり、一方で民法、他方で宗教法（または〈教会法〉）を教え、宗教法は大きく発展しました。さらに神学部がありました。各大学は教育する分野によって名声を博していました。たとえば法学で最もすぐれた大学はイタリアのボローニャ大学であり（フランスではオルレアン大学が最も有名でした）、神学の教育で最も著名なのはパリ大学、最も重要な医学部はさきに触れたように（まだフランス王国に属していなかった）モンペリエにありました。

十三世紀に学問と考察の新しい方法が見出され、ギリシア哲学の頂点にも比すべき頂点に達しました。それが〈スコラ学〉であり、ドイツ人のアルベルトゥス・マグヌス、イタリア人のボナヴェントゥーラとトマス・アクィナスのような大学者を輩出しました。

大学では何語で講義をしたのですか。

もちろんラテン語です。だからこうした大学者のほとんどは、出身国以外でも、ヨーロッパのいたるところで教授になることができたのです。たとえばアルベルトゥスはケルンで教えましたが、ボナヴェントゥーラとトマス・アクィナスはパリ大学の神学の教授でした。ほかにも知の一大センターがありました。イギリスのオックスフォード、ケンブリッジ、スペインのサラマンカ……、スウェーデンのウプサラからポルトガルのコインブラまで、イタリアのナポリからドイツのハイデルベルク、ポーランドのクラコフまで、十三世紀から十五世紀にかけて、ヨーロッパじゅうのキリスト教国で大学が誕生しました。学生たちも大学から大学へと移動しました。

祝祭

中世の人びとは（宗教上の祭日以外で）、飲み騒ぐのが好きでしたか。

大好きでした。男性も女性も祝祭感覚を強くもっていました。その感覚は一般に、生きのびた、あるいはよみがえった古い異教的伝統（おもに農民の伝統）にも、キリスト教の儀式にも由来していました。中世はまた、のちに隆盛した農民の祭り、謝肉祭《カーニヴァル》（精進期間である四旬節直前に行われる、歓楽や滑稽が許される祝祭）を生みました。謝肉祭は多かれ少なかれ、教会によって目のかたきにされましたが。現代に伝わる日常生活の記録から、謝肉祭には、いわゆる異教的で陽気な祝祭と、キリストの受難に関連するキリスト教の祝日との対決という観念があったことがわかります。十六世紀のフランドルの画家ブリューゲルによる有名な絵画の題名になった「謝肉祭と四旬節のたたかい」がそのよい例です。しかし降誕祭（クリスマス）や復活祭のようなキリスト教最大の祝日も、とても楽しいものでした。

どちらが勝ちましたか。人びとが陽気に楽しんだ謝肉祭の魅力ですか、教会によって強いられた四旬節の厳粛ですか。

教会は世俗の歌や踊り（〈カロル〉）に対抗し、水を差すべく、とくに都会の真ん中で新しい祝祭を後押ししました。祝祭を取り戻したい人びとの欲求を満たし、かつ連帯感のある共同体をつくりたいという都市住民の願いを満たすのが目的でした（前述したように、社会はきわめて〈階層化《ヒエラルキー》〉されていました）。教会は都会で多くの祝祭行列を組織し、住民は社会階層ごとに集団で練り歩きました。先頭は聖職者、列尾は貧しい異教者でした。教会が中世ほど重要ではなくなっても、そうした行列はヨーロッパの多くの都市で、年間のさまざまな機会に生き残っていて、何日もつづく大きな祭り——たとえばスペインのセルビアの〈聖週間〉や、フランスのブルターニュ地方の〈パルドン祭〉——でいまも見られます。

まとめ　ヨーロッパの誕生

中世は長い期間つづきました。近代的産業の誕生とフランス革命をみた十八世紀末までが中世というわたしの説はさておき、期間の延長をせずに一般的にいっても、中世は五世紀から十五世紀までの千年！　にわたっています。

この長い期間は、ルネサンス時代につけられた「中世」という、当初は軽蔑的な意味をもった名前をもちつづけました。中世は暴力に満ち、あいまいで無知な〈悪しき〉時代だったと考える人が今日でもいることを、本書では語りました。しかしわたしたちはいまや、このイメージは間違っていることを知っています。たとえ集団同士、国同士の紛争や戦争のみならず、反ユダヤ主義のはじまりとなるユダヤ人への暴力、教会の教えに逆らう者や〈異端〉とされた者への異端審問という手段をつかった抑圧など、暴力に満ちた中世があったとしても、十字軍が否定的な評価の一因をなしているのはあきらかだとしても、やはりこのイメージは正しくないのです。

わたしがなによりもまず思うのは、中世は同時に、偉大な創造の時代でもあったということです。それは芸術分野、とくに都会（大学のある都市のような）での教育、思想——〈スコラ学〉とよばれた哲学は、知の頂点に達しました——に見ることができます。本書では中世が商業的な、あるいは祝祭気分の〈出会いの場〉（定期市、市場、祭日）を生みだし、それを現代人がつねにとりこんでいることを語りました。

ヨーロッパの誕生

中世はさらに、多様性と統一性の興味深い結合を実現しました。多様性とはすなわち、国民の誕生です。フランスとドイツでは九世紀以後、イギリスでは九世紀末、スペインも十五世紀末にカスティーリャ家とアラゴン家がイサベルとフェルナンドの結婚によって結びついて、国民が誕生しました。統一性、あるいはある種の統一性は、キリスト教から生じ、いたるところで見られます。本書で強調したように、キリスト教には聖職者と一般信徒（俗人）の区別があり、中世は総じて、世俗社会の誕生を告げました。同一基準の教育も普及しました。大学はもうラテン語では授業をしていませんが、今日でも高等教育の場です。さらに共通の芸術的遺産があることも、忘れてはなりません。

中世はヨーロッパが出現し、形成された時代でした。文明の各時代にはそれぞれ役割があり、歴史の発展の総体のなかで、ある使命を担っているのだとしたら、中世の使命はヨーロッパを〈生む〉ことであったといえます。今日、ヨーロッパを強固なもの、完全なものにするよう努める必要があります。中世は、統一的な運動であると同時に多様な運動であるべきものをヨーロッパに遺贈したのであり、わたしたちはなおも中世から着想を得ているのです。〈ヨーロッパ〉という語が、中世に書かれたものにほとんど見られず、十五世紀半ば、ピウス二世の手になる条約の名に現れたのは、偶然ではありません。十五世紀のこの時がまさに、中世の最初の達成の時であったといえます。

中世——他者と自己に出会う

もしあなたが中世について学び、中世が現代に残した遺産、とくに芸術的遺産を再検討したら、中世は現代のわたしたちとも、ヨーロッパの現状とも異なっていたのに気づくでしょう。エジプト、インド、中国、中央アメリカ……外国を旅したかのような印象をもつかもしれません。大切なのはもちろん、中世をくりかえすことではなく、中世の男女がヨーロッパ人の祖先だということ、そして中世はわたしたちの過去の欠くことのできない時であり、だから中世への旅はみなさんに、自己と他者に同時に再会する二重のよろこびをもたらすのだということを、忘れないことなのです。

略年表

四一〇　アラリック率いる西ゴート族がローマを占領、略奪する。
四五一　ローマの将軍アエティウス、トロワ近郊のカタラウヌムの戦いでアッティラを撃退。
四七六　異民族の長オドアケルが西ローマ皇帝ロムルス・アウグストゥルスを廃位し、西ローマ皇帝位をコンスタンティノープルに返上する。
五〇〇年頃　メロヴィクスの孫であるフランク国王クロヴィスがランスで受洗。
五二九　イタリアの聖ベネディクトゥス、ベネディクト会を創始。
五九〇　コルンバヌスとアイルランドの修道士たちがガリアに修道院を設立。
六三二　イスラムの創始者ムハンマド没。
七〇〇年頃　メロヴィング朝の〈無為王〉たち。
七一一　モロッコのムーア人がスペイン征服を開始。
七三二　カール・マルテルがポワチエでムスリムを撃退。
七五一　カロリング朝はじまる（小ピピン）。

七八七　第二ニカイア公会議。シャルルマーニュが聖像破壊運動を否定。

八〇〇　教皇、シャルルマーニュを「ローマ皇帝」に戴冠。

八四二-八四三　ヴェルダン条約によりシャルルマーニュの帝国を分割。これがフランスとドイツの〈出生証書〉となった。八四二年、ストラスブールの宣誓がはじめて〈現地語〉（ラテン語に代えてフランス語とドイツ語）を使用。

八五〇年頃　大開墾の開始。ロワール河の北ではじめて犂を使用。

九一〇　クリュニー修道院の創設。

九六二　ザクセンのオットー大帝が皇帝に即位。ゲルマン人の神聖ローマ帝国を創始。

九六六　ポーランド公ミエシュコがカトリックに改宗。

九七二（九七三?）　プラハに司教座を設置。

九八五　ヴァイク（のちのハンガリー王国初代国王イシュトヴァーン一世、聖イシュトヴァーン）の受洗。キエフ大公国の大公ウラジーミル、ビザンツの正教会により受洗。

九八七　カペー朝はじまる（ユーグ・カペー）。

一〇一六-一〇三五　クヌート大王、デンマーク王（一〇一八年即位）とイングランド王（一〇一六年即位）を兼任。

一〇二三　オルレアンで異端者に最初の火刑（教会の求めにより、ロベール二世〈敬虔王〉が執行）。

一〇三二-一〇三三　西洋で大飢饉。

一〇三五年頃　アルビで石造の橋を建立。
一〇五四　ローマ（西方教会）とコンスタンティノープル（東方教会）の断絶。
一〇六六　征服王ウィリアム、イングランド王に即位。
一〇八一　ピサに都市住民の〈参事会〉が成立。
一〇八五　カスティーリャのアルフォンソ六世、トレドを攻略。
一〇八六　ノルマンディ（サン・ヴァンドリーユ）のブドウ圧搾用水車にかんする最初の記述。
一〇九五　第一回十字軍。漠然とした反ユダヤ主義。
一〇九八　シトー修道院の設立。
一一〇〇年頃　フランドルの沼地の干拓（ポルダー）の開始。
一一世紀末　法学を学ぶため、学生がボローニャに集まりはじめる。教皇グレゴリウス七世による〈グレゴリウス〉改革（全聖職者の妻帯禁止など）。
一二世紀　教会建築がロマネスク様式から〈ゴシック〉様式（後世の命名）に移行。
一一二二　シュジェール、サン・ドニ修道院（ゴシック建築の大聖堂、ステンドグラスで名高い）の院長になる。
一一四一　クリュニー修道院長、尊者ピエールが、コーランのラテン語翻訳を命じる。
一一五三　シトー会で最も著名な修道士、聖ベルナルドゥス没。
一二〇九－一二二九　教会と北フランスのキリスト教徒が、南フランスの異端（カタリ派）と対決。アルビジョワ十字軍。

一二一〇、一二二五　聖フランシスコ、聖ドミニコによる托鉢修道会（フランシスコ会、ドミニコ会）の創設。

一二一四　ブーヴィーヌの戦い（フィリップ二世）。

一二一五　教会が婚姻を秘跡として規定し、告解を義務化。ユダヤ人に特別な服装の着用を義務づけ、異端への制裁を決議（第四ラテラノ公会議）。

一二一六　王と皇帝にたいする教皇の優越をめざした教皇インノケンティウス三世没。

一二二九－一二三一　パリ大学でストライキ。

一二三一　教皇、異端審問を設置。

一二四二　船尾材の舵の最初の図（可動式で船の後部に着装）。

一二四八　カスティーリャ王国がセビリヤを攻略。

一二五三　司教座参事会員ロベール・ド・ソルボンが貧しい神学生のためにパリ大学に学寮を設立（将来のソルボンヌの起源）。

一三～一四世紀　大聖堂の建立（パリのノートル・ダム、シャルトル、ランス、アミアン、ストラスブール、ケルンその他）。

一三世紀半ば　スコラ哲学および神学の絶頂期（アルベルトゥス・マグヌス、ボナヴェントゥーラ、トマス・アクィナス）。ボローニャ大学の法学、パリ大学の神学の隆盛。

一二六八　イタリアのファブリアーノに初の製紙用打解機（ミル）。

一二七〇　聖王ルイ没。最後となった第八回十字軍が終わる。
一二八四　ボーヴェ大聖堂（高さ四八メートルの丸天井）の崩落。
一二九一　パレスチナの最後のキリスト教徒の砦、サン＝ジャン＝ダクルの陥落。
一三〇〇　眼鏡にかんする最初の確実な記述（学者たちはそれまで水晶の破片を眼鏡がわりに使っていた）。
一三〇七－一三二一　イタリア人ダンテ、『神曲』を執筆。
一三〇九－一三七七　教皇庁がアヴィニョンにおかれる。
一三二一　井戸に毒を入れたとしてハンセン病患者とユダヤ人が虐殺される。
一三四七－一三四八　黒死病の大流行の開始（一七二〇年まで）。
一三七四、一三七五　最初のイタリア人〈ユマニスト〉、ペトラルカとボッカチオ没。〈中世〉、スコラ学、中世美術について、最初の否定的な判断が現れる。
一三七八　教会大分裂（シスマ）がはじまる。
一三九四　フランスでユダヤ人の最終的追放。
一三九七　デンマーク、ノルウェー、スウェーデンがカルマール同盟を締結。
一四一五　ヤン・フスがコンスタンツ公会議で異端として有罪を宣告され、火刑に処される。
一四二〇－一四三六　ブルネレスキがルネサンス最初の傑作建築、サンタ・マリア・デル・フィオーレ大聖堂のドームを建立。
一四三一　ジャンヌ・ダルクが異端としてルーアンで火刑に処される。

一四五〇　グーテンベルクがマインツで印刷術を実用化。
一四五三　英仏の百年戦争の終結。トルコ人によりコンスタンティノープルが陥落。
一四五五　最初の印刷された聖書の誕生。
一四五八―一四六四　ヨーロッパの信奉者、教皇ピウス二世の在位。
一四六九　カトリック王国、カスティーリャ女王イサベルとアラゴン王フェルナンドの結婚（スペインの統一）。
一四七二　ボッティチェッリ、フィレンツェでルネサンス絵画「春」を制作。
一四九二　クリストファー・コロンブスによる「新世界」の発見。スペインのユダヤ人が追放され、アンダルシアのイスラム支配の終焉（グラナダが陥落し、スペイン王国に統合される）。
一四九四　教皇アレクサンデル六世ボルジアの承認したトルデシリャス条約によって、スペインとポルトガルが世界を分割。

訳者あとがき

フランスを代表するアナール学派の中世史家ジャック・ル・ゴフが、「統一ヨーロッパ」の建設という夢と情熱のバトンを若いひとたちに託するかのように、ヨーロッパの歴史を語りました。

この本はジャック・ル・ゴフ著『子どもたちに語るヨーロッパ』(*L'Europe expliquée aux jeunes*, Éditions du Seuil, 2007)と『子どもたちに語る中世』(*Le Moyen Âge expliqué aux enfants*, Éditions du Seuil, 2006)の二冊を訳して前半・後半とし、一冊にまとめたものです。

前半の「子どもたちに語るヨーロッパ」は、統一へと向かう流れを示すヨーロッパの歴史です。後半の「子どもたちに語る中世」は子どもの質問に答えるという形式で、中世を象徴する物ごとについて語っています。人びとの日常的な考え方や感覚という「心性（メンタリティ）」の歴史に注目するアナール学派の特徴が、あますところなく発揮されています。

五世紀以降、ヨーロッパは少しずつ、キリスト教と封建制を基盤とする宗教的、政治的な共通空間となりました。著者は「中世がヨーロッパを生んだ」という中世史家としての立場から、未来のヨーロッパ像を描きだそうとします。アメリカ合衆国や日本・中国・インドなどのアジアの国々がますます大国化する現在、ヨーロッパの各国と国民はみずからの独立、自由、伝統、独自性を守り、未来を築くために大きな統一ヨーロッパになる必要がある、そして「記憶なしではよきことは起こりえない」のだから、歴史をきちんとふりかえることのうえに二十一世紀の世界をつくろうではないか、と。

この本は前半と後半が合わさることで、ヨーロッパ史へのとびきりの入門書であると同時に、「歴史とは何か」「なぜ歴史を学ぶのか」をめぐって考えることを鍛えてくれる本でもあるのです。

いまも昔もヨーロッパは多様性と統一性を合わせもっています。

世界の面積の七パーセント、大陸のなかでいちばん小さいヨーロッパ大陸には、非常に早くから、ほとんどいたるところに人が住んでいました。どこへ行くにも遠すぎず、山々は高すぎず、気候もほどほどの厳しさで、砂漠はなく、多くの河川は船で移動できます。ヨーロッパは先史時代からアジア、アフリカと影響しあい、また戦争、交易、集団移住、植民地化、移民……と、多様な民族と個人が移動し、混じり合うことで形成されました。「人間の交錯は発展の源泉」です。

一方で考古学や言語学、文献学などが、道具や建造物などの物質的要素と、言語や神話などの文化的要素の双方において、ヨーロッパのもつ共通性を明らかにしています。ヨーロッパの国や民族は、どこか似た雰囲気はもっていても一人ひとりが違っていて個性がある家族のようなものだと、ル・ゴフは表現しています。

さらにヨーロッパには古代ギリシア＝ローマという基層があります。民主主義、人間中心主義、数学や哲学、医学を形づくったギリシア人、そしてのちのヨーロッパの土台となる地域を征服したローマ人がつくった文明です。

四世紀、ローマ帝国が救世主イエスを信仰するオリエント生まれの宗教・キリスト教を公認します。「異民族」もしだいにキリスト教に改宗し、ヨーロッパ中世ではキリスト教への改宗が、その民族が文明化されたことのしるし、今日でいえば国際連合へ加盟するようなものとなりました。

中世のほとんどの男女は、王、貴族、聖職者、農民、職人、商人、都市住民のだれもが、同じ組織、信仰、習慣をもつキリスト教という共同体に属しているという感覚をもっていました。ほぼ全員がキリスト教徒であった社会では、教会から破門されるのは、王でさえ、この世から放り出されるような、耐えがたいものでした。人びとは宗教と宗教的イメージのなかで生きていて、天国と地獄の存在を信じ、悪魔を恐れていました。中世の想像界は英雄、聖人のほか、異教的・超自然的存在でいっぱいでした。

中世には美術・音楽・学問が発展し、それらはヨーロッパ共通の遺産になります。芸術作品は、神が第一の受取主であり、典礼の場である教会に集中しました。教会の外では、中世の男女は意外にも村を離れてしばしば旅の路上にあり、「人は地上の旅人」ということばを実践しました。また都市や村落の広場は、市場、見世物、行列、定期市、謝肉祭など、しばしばどんちゃん騒ぎがくりひろげられる〈出会いの場〉でもありました。

一方で十一世紀、ローマ教会はキリストが死んで復活したパレスチナの聖地エルサレムを征服すべく、十字軍を送りだしました。十字軍は宗教的高揚と同時に、不寛容な意識をもたらしました。ユダヤ人への迫害が強まり、異端審問が教会の教えからはずれる者を弾圧しました。そして十字軍は軍事力による勢力拡大という危険な精神をはぐくみ、イスラムの人びとにはいまもつづく不幸な影響を残しました。

中世の終わりは、一般には一四五三年にビザンツ帝国が崩壊し、イタリアでルネサンスが始まった十五世紀とされていますが、ル・ゴフは十八世紀末までが中世とする説をとります。科学の急速な進歩、産業革命、フランス革命を中心とする政治革命が十七、十八世紀に起こり、〈封建制〉に終わりがもたらされたと考えるからです。

二十一世紀、「ヨーロッパは経済、金銭、ビジネス、物理的利益だけに支配されるべきではありません」、「大ヨーロッパは窓のない家であってはならず、開発のためでなく、対話し支援するために、南半球に、第三世界に、そして全世界に開かれていることが大切です」とル・ゴフも総括するように、ヨーロッパもまた、解決への道のりの遠い問題をたくさん抱えています。

それでもやはり、統一されたヨーロッパは驚くべき進歩を成し遂げました。ヨーロッパ連合（EU）には二十七か国が加盟し、共通のエネルギー政策・環境政策・経済政策が実行されようとしています。ヨーロッパ人同士が戦争をすることはもうないと、ル・ゴフは断言します。ヨーロッパに政治的独裁制は存在せず、死刑は廃止され、統一通貨ユーロが導入され、二十五か国が国境のない空間をつくっています。

なによりも圧倒されるのは、統一ヨーロッパの建設に積極的に参加しようとする歴史家ル・ゴフの強い意志です。無数の戦乱、十字軍、人種差別、異端審問、植民地支配、二度の世界大戦、ナチによる大虐殺、ソ連の強制収容所……ヨーロッパの負の歴史、災厄の経験を忘れてはならない。そのうえで、「ヨーロッパは大いなる平和的対話の場にならなければならない」と呼びかけるル・ゴフに、わたしたちはいつの日か、「日本もアジアにおける平和的対話の場にならなければならない」と応答できるでしょうか。

そもそも中世史家ル・ゴフの出発点に、「歴史は私を行動に駆り立てた」（『中世とは何か』池田健二・菅沼潤訳、藤原書店）という経験があったようです。ジャック・ル・ゴフはみずからが中世を発見した日を覚えています。一九三六年、フランスの南東部、地中海に面する軍港の町トゥーロンに住む十二歳の少年は、イギリス中世を舞台にした、ウォルター・スコットの歴史小説『アイヴァンホー』を読むことで、中世に出会ったのでした。

一九三六年は結集した反ファシズム勢力がフランスで選挙に圧勝し、人民戦線内閣が誕生した年です。ル・ゴフも、『アイヴァンホー』の描くノルマン人のユダヤ人に対する仕打ち、とくに美しいヒロイン、レベッカの苦難を読むとただちに、当時のユダヤ人排斥と人種差別に反対する運動に加わろうと決心したそうです。それは母親をひどく心配させましたが。

その後ル・ゴフは中等学校の第四学年、十四、五歳のとき、ひとりの教師に歴史を教わります。究極的な真理は人間には知りえないという立場をとる不可知論者で信仰をもたないその教師が、「中世にはすべてのものの上に教会がありました」と敬意をこめて中世のキリスト教世界を語りはじめた授業に、ル・ゴフはひきこまれます。この教師は第二次大戦中はレジスタンスに参加し、戦後は第二次世界大戦史委員会の事務局長をつとめ、ナチの強制収容所を描いたアラン・レネ監督の映画『夜と霧』の製作にかかわるなどして現代史家として著名になったアンリ・ミシェルでした。

本と出会い、人と出会う。この若い人に向けて語った本の底にしずかに流れているのは、ル・ゴフ自身の若かった日への愛惜なのかもしれません。

本書の翻訳という貴重な機会を与えてくださり、監修していただいた前田耕作先生、繊細ですばらしいお仕事をされる筑摩書房編集部の町田さおりさんに、心から感謝を申し上げます。

二〇〇九年八月

川崎万里

本書は「ちくま学芸文庫」のためにあらたに編集・訳出された。

アイヌの昔話　稲田浩二編

アイヌ族が遠い祖先から受け継いだ韻文のユーカラと散文のウェペケレの中から最も愛されているものを選び「昔話」の名で編集。文庫オリジナル。

異人論　小松和彦

「異人殺し」のフォークロアの解析を通し、隠蔽され続けてきた日本文化の「闇」の領野を透視する。新しい民俗学誕生を告げる書。（中沢新一）

新編 江戸の悪霊祓い師　高田衛

憑き物をおとす呪術で江戸町民の絶大な人気を博した祐天上人とは——その虚像と実像をあばき、もうひとつの江戸をとらえる。（小松和彦）

百鬼夜行の見える都市　田中貴子

古代末から中世にかけ頻発した怪異現象・百鬼夜行を手掛りに、平安京・京都という都市と王権が抱え込んできた闇に大胆に迫る。図版多数。（京極夏彦）

汚穢と禁忌　メアリ・ダグラス　塚本利明訳

穢れや不浄を通し、秩序や無秩序、存在と非存在、生と死などの構造を解明し、その文化のもつ体系的宇宙観に迫る古典的名著。（中沢新一）

初版 金枝篇（上）　J・G・フレイザー　吉川信訳

人類の多様な宗教的想像力が生み出した多様な事例を収集し、その普遍的説明を試みた社会人類学最大の古典。膨大な註を含む初版の本邦初訳。

初版 金枝篇（下）　J・G・フレイザー　吉川信訳

なぜ祭司は前任者を殺さねばならないのか？　そして、殺す前になぜ〈黄金の枝〉を折り取るのか？　事例の博捜の末、探索行は謎の核心に迫る。

妖怪の民俗学　宮田登

妖怪はいつ、どこに現われるのか。江戸の頃から最近の都市空間の魔性まで、人知では解し難い不思議な怪異現象を探求する好著。（常光徹）

南方熊楠随筆集　益田勝実編

博覧強記にして奔放不羈、稀代の天才にして孤高の自由人・南方熊楠。この猥雑なまでに豊饒な不世出の頭脳のエッセンス。（益田勝実）

贈与論　マルセル・モース　吉田禎吾／江川純一訳
「贈与と交換こそが根源的人類社会を創出した」。人類学、宗教学、経済学ほか諸学に多大の影響を与えた不朽の名著、待望の新訳決定版。

象徴天皇という物語　赤坂憲雄
天皇とはどんな存在なのか。和辻、三島、柳田、折口らの論を検証しながら象徴天皇制の根源に厳しく迫る、天皇論の基本図書。（中野正志）

日本中世都市の世界　網野善彦
自由、流通、自治等中世の諸問題を実証的に追究し、非農業民、都市民の世界である新たな中世社会像を提唱する画期的な論集。（桜井英治）

日本の歴史をよみなおす（全）　網野善彦
中世日本に新しい光をあて、その真実と多彩な横顔を平明に語り、日本社会のイメージを根本から問い直す。超ロングセラーを続編と併せ文庫化。

日本史への挑戦　森浩一　網野善彦
関東は貧しき鄙か？　否！　古代考古学と中世史の巨頭が、関東の独自な発展の歴史を掘り起こし、豊かな個性を明らかにする、刺激的な対論。

山の民・川の民　井上鋭夫
中世以前、山河に住む人々はいかに生き、その後どんな運命を辿ったのか。非農業民に逸早く光をあて中世史の新展開を導いた名著。（赤坂憲雄）

敗者の戦後　入江隆則
ナポレオン戦争のフランス、第一次大戦のドイツの戦後を日本の場合と比較し、「戦後」の普遍化をめざす文明史的試み。（長谷川三千子）

定本 武江年表（全3巻・分売不可）　斎藤月岑　今井金吾校訂
江戸の成り立ちから幕末、明治維新期までの臨場感溢れる貴重な記録。地理の変化、風俗の変遷、事物の起源などを、その背景とともに生き生きと描く。

東京の下層社会　紀田順一郎
性急な近代化の陰で生みだされた都市の下層民。落伍者として捨て去られた彼らの実態に迫り、日本人の人間観の歪みを焙りだす。（長山靖生）

江戸の町は骨だらけ　鈴木理生

東京では大工事のたびに人骨や墓の跡がたくさん発見されている！　埋もれた骨から次々ひもとかれる江戸・東京の歴史民俗物語。（氏家幹人）

鉄砲と日本人　鈴木眞哉

鉄砲伝来の時期と影響、戦国合戦での役割、江戸時代の鉄砲軽視など、これまで流布された通説を豊富な資料と痛快なまでの論理で次々と覆す。

大江戸異人往来　タイモン・スクリーチ　高山宏訳

日本人は「異人」をどう見たのか。好奇心満々の眼が描いた「他者」のイメージを、抱腹のエピソードを重ねて読み解く、異色の美術史。（田中優子）

戦国の城を歩く　千田嘉博

室町時代の館から戦国の山城へ、そして信長の安土城へ。城跡を歩いて、その形の変化を読み、新しい中世の歴史像に迫る。（小島道裕）

性愛の日本中世　田中貴子

稚児を愛した僧侶、「愛法」を求めて稲荷山にもうでる貴族の姫君。中世の性愛信仰・説話を介して、日本のエロスの歴史を覗く。（川村邦光）

二・二六事件とその時代　筒井清忠

近代日本史上最大のクーデター二・二六事件。この事件の背後にあった陸軍の派閥抗争の内実を明らかにし、昭和史最大の謎を初めて本格的に解明。

日本の百年（全10巻）

明治・大正・昭和を生きてきた人々の息づかいが実感できる、臨場感あふれた迫真のドキュメント。いま私たちが汲みとるべき歴史的教訓の宝庫。

御一新の嵐　日本の百年1　鶴見俊輔編著

一八五三年、ペリーが来航し鎖国が破られた。日本の歴史は未曾有の変革期を迎える。時代に先駆けた人、取り残された人、そこで何が達成されたのか。

わき立つ民論　日本の百年2　松本三之介編著

帝国憲法制定に向けて着々と国の体制を整える明治国家。しかし、政府に対する不満の声は、近代日本最大の政治運動自由民権運動となって高まる。

昭和維新試論　橋川文三
超国家主義「昭和維新」はなぜ生まれたのか。不安と疎外から湧出した思想の流れを遡り、近代日本ナショナリズムの源流に迫る。（中島岳志）

増補 皇居前広場　原武史
日本の空虚な中心、皇居前広場。無人の光景に秘められた日本の近・現代史、近代天皇制における「視覚的支配」の実態に迫る。（藤森照信）

古代の朱　松田壽男
古代の赤色顔料、丹砂。地名から産地を探ると同時に古代史が浮き彫りにされる。標題論考に、「即身佛の秘密」、自叙伝「学問と私」を併録。

解禁昭和裏面史　森正蔵
日々戦争へと雪崩込んでいった昭和前期。そこでは何が起きていたのか。戦時中公表できなかった事実を発掘した昭和史の名著。（保阪正康）

中世賤民の宇宙　阿部謹也
西洋中世の身分差別と賤視の問題に正面から取り組んだ著作。畏怖が賤視に変わる過程を考察、中世の人々の心的構造の核に迫る。（大黒俊二）

西洋中世の男と女　阿部謹也
中世の男と女の関係から西洋史全体を見直した斬新な試み。性愛をめぐる民衆と教会の攻防を通じ庶民の文化を論じる。（佐藤賢一）

中世を旅する人びと　阿部謹也
西洋中世の庶民の社会史。旅籠が客に課す厳格なルールや、遍歴職人必須の身分証明のための暗号など、興味深い史実を紹介。（平野啓一郎）

漢字の文化史　阿辻哲次
中国文明を支え発展させてきた漢字。その悠久の歴史と漢字をめぐる人々の歩みを、さまざまな出土文物を手がかりにたどる、漢字史入門の決定版。

聖王ルイ　ジャン・ド・ジョワンヴィル　伊藤敏樹訳
第七回十字軍遠征記を軸に、地中海世界を介してイスラム圏やモンゴルと対峙しつつ祖国フランスの存立基盤を模索する「聖王」ルイ九世伝。本邦初訳。

アクセルの城
エドマンド・ウィルソン
土岐恒二訳

プルースト、ジョイス、ヴァレリーらの作品の重要性をいち早く評価し、現代文学における象徴主義的傾向を批判した先駆的論考。（篠田一士）

中国説話文学とその背景
志村五郎

世界的数学者が心惹かれた中国古典説話を新訳・新釈し、読者と新鮮な驚きと感動を頒ち合おうと書いた「蒐集物語」。書き下し文庫オリジナル。

日本とアジア
竹内好

西欧化だけが日本の近代化の道だったのか。魯迅を敬愛する思想家が、日本の近代化、中国観・アジア観を鋭く問い直した評論集。（加藤祐三）

文学と悪
ジョルジュ・バタイユ
山本功訳

文学にとって至高のものとは、悪の極限を掘りあてることではないのか。サド、プルースト、カフカなど八人の作家を巡る論考。（吉本隆明）

ルバイヤット
オマル・ハイヤーム
ジャスティン・マッカーシー英訳
片野文吉訳

人生の無常・宿命・酒への讃美を詠い、世界中で愛読されている十一世紀ペルシャの詩集。本書は、格調高い唯一の文語体・散文訳。（南條竹則）

プルタルコス英雄伝（全3巻）
プルタルコス
村川堅太郎編

デルフォイの最高神官、故国の栄光を懐かしみつつローマの平和を享受した〝最後のギリシア人〟プルタルコスが生き生きと描く英雄たちの姿。

ギルガメシュ叙事詩
矢島文夫訳

ニネベ出土の粘土書板に初期楔形文字で記された英雄ギルガメシュの波乱万丈の物語。「イシュタルの冥界下り」を併録。最古の文学の初の邦訳。

漢文の話
吉川幸次郎

日本人の教養に深く根ざす漢文を歴史的に説き起こし、その由来、美しさ、読む心得や特徴を平明に解説する。贅沢で最良の入門書。（興膳宏）

読書の学
吉川幸次郎

『論語』をはじめ史書、漢詩などを取り上げ、その内的事実に立ち入り「著者を読む」実践を行う。中国文学の巨人が説く読書と思索。（興膳宏）

ちくま学芸文庫

子《こ》どもたちに語《かた》るヨーロッパ史《し》

二〇〇九年九月十日　第一刷発行

著者　ジャック・ル・ゴフ
監訳者　前田耕作（まえだ・こうさく）
訳者　川崎万里（かわさき・まり）
発行者　菊池明郎
発行所　株式会社　筑摩書房
東京都台東区蔵前二―五―三　〒一一一―八七五五
振替〇〇一六〇―八―四一二三
装幀者　安野光雅
印刷所　株式会社精興社
製本所　株式会社鈴木製本所

乱丁・落丁本の場合は、左記宛に御送付下さい。
送料小社負担でお取り替えいたします。
ご注文・お問い合わせも左記へお願いします。
筑摩書房サービスセンター
埼玉県さいたま市北区櫛引町二―六〇四　〒三三一―八五〇七
電話番号　〇四八―六五一―〇〇五三

Printed in Japan
ISBN978-4-480-09246-5 C0122